边行边参，边参边悟，一步一莲花

人感之以诚，佛应之以真，彼此心心相映

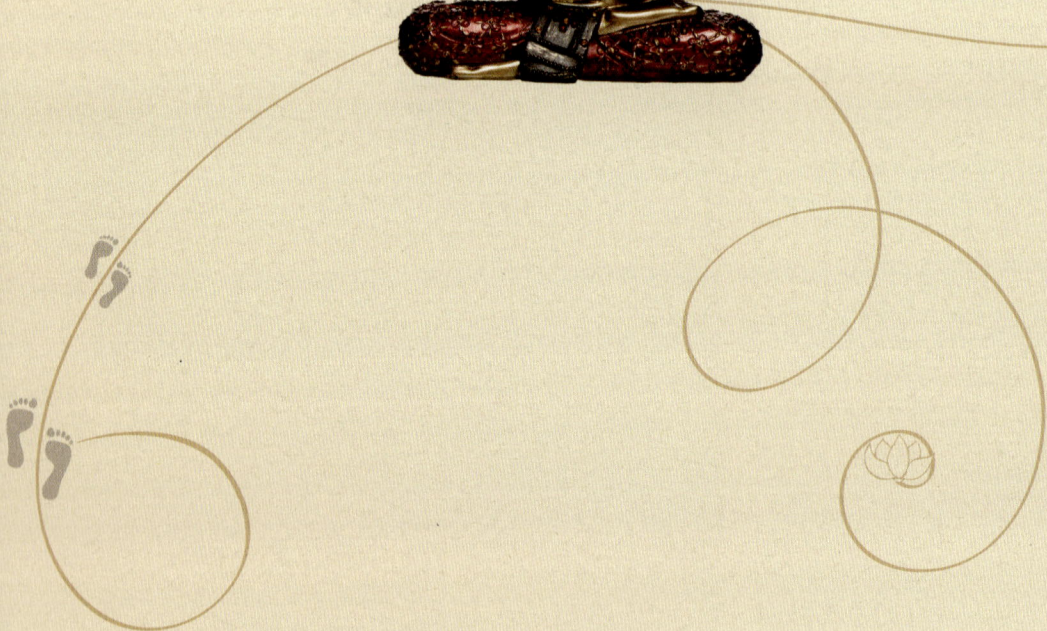

步步踩着莲花

佛陀故乡印度朝圣之旅

认识奇幻的印度和佛陀的本怀

闻章 著

中国发展出版社
CHINA DEVELOPMENT PRESS

图书在版编目（CIP）数据

步步踩着莲花：佛陀故乡印度朝圣之旅/闻章著. —北京：中国发展出版社，2013.7

ISBN 978 - 7 - 80234 - 967 - 4

Ⅰ.①步… Ⅱ.①闻… Ⅲ.①佛教—通俗读物 Ⅳ.①B94 - 49

中国版本图书馆 CIP 数据核字（2013）第 130587 号

书　　　名：步步踩着莲花：佛陀故乡印度朝圣之旅
著作责任者：闻　章
出 版 发 行：中国发展出版社
　　　　　　（北京市西城区百万庄大街 16 号 8 层　100037）
标 准 书 号：ISBN 978 - 7 - 80234 - 967 - 4
经 销 者：各地新华书店
印 刷 者：北京科信印刷有限公司
开　　　本：700mm×1000mm　1/16
印　　　张：14.75　彩插 3.75
字　　　数：190 千字
版　　　次：2013 年 7 月第 1 版
印　　　次：2013 年 7 月第 1 次印刷
定　　　价：38.00 元

联 系 电 话：(010) 68990642　68990692
购 书 热 线：(010) 68990682　68990686
网 络 订 购：http：//zgfzcbs.tmall.com//
网 购 电 话：(010) 68990639　88333349
本 社 网 址：http：//www.develpress.com.cn
电 子 邮 件：fazhanreader@163.com

目录

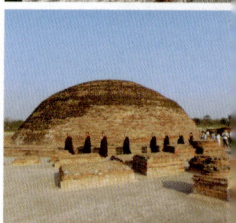

序 幕 赵州吃茶与佛陀拈花

印度街景

印度的火车走得不紧不慢（上图）

印度人视牛为神物，牛可以随意行走，没有不能去的地方（下图）

印度的孩子们。右图衣着华丽的是富人家的孩子，但无论富还是穷，他们都很快乐

思考题

明影师却先要栽一棵菩提树在车上，他拿起话筒，说了此次朝圣的意图，然后他出一道题给大家：释迦牟尼佛为什么示现出生在印度？尔后马上跟一句，是一道思考题，不需要即时回答。

终于到了这一天，收拾好行囊，要出发了。

出家师父们从赵州柏林禅寺启程，来石家庄"三字禅茶社"与居士们汇合。

唐代从谂禅师，80岁来赵州，以本分事接人，40年间度人无数。其中"吃茶去"公案最为人们津津乐道。老和尚法席高张，德齿俱老，十方学者参礼者众。这日老和尚问一僧："上座曾到此间否？"答曰："不曾到。"老和尚说："吃茶去。"又问另一僧："曾到此间否？"答曰："曾到。"老和尚说："吃茶去。"一旁的院主看了生疑，问："师父，不曾到叫他吃茶去，到过的为什么也教他吃茶去？"老和尚说："院主。"院主应答："哎。"老和尚说："吃茶去。"即老和尚这一句，三个人当时都得心开。这便是老和尚的禅法。这"吃茶去"便是"三字禅"的本来意义。

在这里集合，是自然随缘，但也有其象征意味。原来吃茶，茶色浓淡，禅味深浅，全在心上。今日这一盏茶，吃也罢，不吃也罢，却也有着独特的深意。

佛陀灵山传禅，禅并不是茶。赵州老和尚吃茶，茶却竟是禅。

这禅茶一味的深刻趣旨，谁能说得明白？这帮子人，就要到灵山去了，有此一盏茶在，便表明了自己的禅者身份，然后在灵鹫山，让佛陀来印证。

这天是2010年3月19日，已经是春天，风却还冷，但天上有一个不错的日头。10点多钟，我来到"三字禅"门外，见明影法师正站在门外大巴车旁，看着几位居士往车上装行李。轻风拂着他浅灰色的僧服，一派潇逸。他是柏林禅寺监院、河北省佛学院教务长，是这次朝圣团的团长。3月1日在钱塘茶人填登记表时，明影师就说，从现在开始，朝圣之旅就已经开始了。他这句话说得很悠长。是的，多年来，读佛典，参佛境，感佛恩，思佛心切，念佛心殷，每每"望祇园而翘足，想鹫岭而载怀"，但是，却没敢想真的会有踏上那片热土的一天。有了这一张表格，就使得漂浮中的梦想变得真切起来，要到印度去了，要到佛陀的故乡去了。到那里去拜谒圣迹，去见那位悉达多王子由人到佛的升华过程，去履践佛陀深刻而伟大的脚印。

谁都知生死事大，但在此事面前，却都又无可奈何。无论英雄还是帝王，无论穷人还是富豪，都被生死捆扎得没有脾气。因此都认为生死之事是一道死结，无人能解。但悉达多王子解开了这个生死之索，获得了生命的大自在、大圆满，成了大彻大悟的觉者。佛陀是从没有路的地方走出了一条路，一条通往光明的路，一条通向生命极致的路，一条通向不生不死的路。他走在前面，希望后边的人跟着他。

在中国历史上，为了寻找佛陀前行的足迹，东晋的法显大师去了，大唐的玄奘法师去了，民国的虚云和尚去了，无数的僧俗去了，如今我们也要去了。

中午11点半，大巴车驶出石门，沿着京深高速向北京走。北京还有人，内蒙古还有人，三股人员在北京机场汇集。车窗外的树还没绿，纵是绿了也没有一棵是菩提树，而菩提树才是向往。但明影师却先要栽一棵菩提树在车上，他拿起话筒，说了此次朝圣的意图，然后他出一道题给大家：释迦牟尼佛为什么示现出生在印度？尔后马上跟一句，是一道思考题，不需要即时回答。

在这道题的映照之下，我猜想明影师的慈悲用意：车已经开动，朝圣之旅已经起步，从现在开始，他要人们归敛自己的散乱思绪，将心凝注于一处，以观照自身言行，自此一步一问，问自己的每一步是不是踩在莲花上。以便到了灵山，遇到佛陀问："上座曾到此间否？"也好回对。

在北京机场，人聚齐了，9名出家僧，26名白衣居士，一共35个人，也是很好看的一片。具体负责事务的领队冯路钧、倪从钧，把大家分成小组，任命了组长，方才还散乱的人群，立即有了秩序。当"赵州柏林禅寺佛陀故乡朝圣团"的横幅在北京机场打开时，好多人投来艳羡的目光。

万米高空的诵读

在这万米高空之上，自然而然，我背诵起《楞严咒》和《金刚经》来。马达轰鸣中，我口诵耳听，清清楚楚，真真切切："如是我闻。一时佛在舍卫国祇树给孤独园……"

候机时，在此一班机的入口处，印度人多了起来，无论男女老幼，都穿戴得体面。原来见了，也许无所谓，现在见了，马上就觉得亲。就要到那个地方去了，见到这些人，就更证明了那里的真切。有一位父亲抱着一个小男孩，父亲留着大胡子，头上缠着蓝布。一层层的蓝布让人感觉到沉重，但那缠法也真精致。好几个人便抢着来抱那孩子，孩子的父亲也友好地配合，小孩子也不认生，瞪着大眼睛跟人们笑。人们便照相呀，夸赞呀，很热闹了一回。

是处是弥勒，无门无善财，好心情就能处处遇到好。

上飞机的时候，地下已经是灯火辉煌。气候晴和，机翼平稳，不一会便到了高空。有了此等铁鸟，地球便小了许多。机舱里有电子显示，不断地标明着距地表的高度、外面的气温、飞机的时速，以及地面上所要经过的地方。真的是瞬间变化，没有片刻停留。变化中的时空，变化中的人，佛陀所说诸法无常，在这里得到了最切实的体现。

在机舱，我与韩占永并排坐在一起。韩占永人称老韩，但年龄并不大，还不到50岁，盖因其个子猛壮，办事老成而已。飞机飞平稳之后，我们说些闲话。但闲话也不闲，总能关联到禅。他是做灯盏企业的，室外景观灯、广场照明灯，等等。虽说做灯具，但在原先，他的内心并不全是光明，烦恼也似麻缠绳绕，由此闹出一身病来。医院没把他的病治好，一位禅师把他的病治好了。"所有的病都是心里的病，心里的病没了，身上的病也就没了，"他这样说。由此亲近禅修，将一盏灯照到了自己的内心。

他现在每天早晨4点半起床，早晚打坐参禅，读诵经典，很是用功。他把这说成是笨鸟先飞。参修其实正需要这样的"笨鸟"，踏踏实实地朝实处用力，因为这不是给别人看的，更不能骗自己。白天，他有忙不完的事，客户呀、业务呀、应酬呀，等等。原先应酬是靠喝酒，现在酒不喝了肉不吃了，客户倒更愿意和他打交道了。原因是他的心真了、纯了、干净了，凡事给对方想得多想得周到了。"谁不愿意跟好人打交道呢，"老韩如是说。

说到禅修，老韩倒有几分心得。他说禅跟生活不是两张皮，禅如果不能解决生活中的问题也就不是禅了，"世间法解决不了等于个零"，他从好几个角度作比喻，"倒杆还不会，就想上高速公路的事不行"，"如果不解决实际问题，就好比对瞎子说绿豆，就是摸着也见不着"，"好比种子，种下之后，要一代代提纯复壮，着急不行"。老韩的话就这样有生机。跟老韩同在禅修班这么长时间，却没大接触，只觉得他是憨憨厚厚的一个人，没想到他这只"笨鸟"，羽翼已经在天上。

突然就说到包容，老韩说："都说要包容别人，依我看，是要让别人包容你。别人为什么包容你？你得把自己变得别人能够包容你，愿意包容你。你得先变。你变好了，不怕别人不包容。"老韩的包容说，是他在生活和禅修中自己悟出来的，很有意思，很有嚼头。

不柔软不能包容，不阔大不能包容，因此先得把自己变柔软，变阔大。你的柔软和阔大反过来却成为别人喜欢你的理由和条件。由此自己和别人相互包容相互理解相互信赖从而融为一体。老韩的话里是不是包含着这层意思呢？

夜深起来，窗外该是星辰万点，佛说色身以及外部山河虚空大地，咸是妙明真心中物，那么，渺渺星空、浩浩宇宙是在谁的心中流泻运转呢？

老韩有了些倦意，闭目小憩。我右边是一对年轻的白种人，右后方是一对印度老妇和一个孩子，他们都睡了。

从去年10月，我开始背诵《金刚经》，背过《金刚经》之后，又开始背诵《楞严咒》。到拿到护照的那一天，我把《楞严咒》背过了，从此可以随身带了。一部《金刚经》，一部《楞严咒》，是不是我心灵的护照呢？

在这万米高空之上，自然而然，我背诵起《楞严咒》和《金刚经》来。马达轰鸣中，我口诵耳听，清清楚楚，真真切切："如是我闻。一时佛在舍卫国祇树给孤独园……"

舍卫国就要到了么？

时间与花鬘

印度人过日子不攀比，都心无旁顾地守着自己，自由自在，因此没有着急的事。这一切都因为，他们只愿意将时间当花鬘那样悠闲地挂在脖子上，而不想把时间当成捆绑自己的枷锁。

晚上8点半的飞机，飞行6个半小时，抵达印度新德里机场。北京时间应该是凌晨3点，但在印度却是刚过半夜，这里的时间比国内晚两个半小时。两个半时区的距离，想想真的很近。可是同样的一段距离，退回千年前，玄奘法师来走，却是惊天动地。我们却是轻轻松松过来了。

在新德里机场，阿曼来接了，他是这次朝圣之旅的导游，但他与一般意义上的导游又有不同。他大学毕业后一直在研究佛学，今年准备到北京哲学系读博士，4月份就要到北京考试。从2006年开始，每年都来中国几次，走过了中国的好多寺院。这次朝圣便是他参访赵州柏林禅寺的一个成果。

他个子不高，肤色黝黑，头发卷曲，胡子很密，眼睛很有神，典型的印度小伙子，汉语也说得可以。跟他同来的还有另外两个年轻人。在机场，他们给明仰师和明影师献上鲜花。到了大巴士上，我们每个人的脖子上便多出一串鲜艳的花鬘了。

几个小时前，在北京还是乍暖还寒，生机未显，而这里，室外的温度已经是30度，跟我们的夏天一样了。我们到一个五星级的宾馆简单吃了点饭，然后就在那里等天亮。说是五星级宾馆，比起我们国内的来要逊色不少，并不豪华。但里面的鲜花却是我们缺少的，桌子上、柜台上，都摆放着一盆盆儿的鲜花，漂亮极了。且每个人胸前的花鬘亮着，显得很有生气。

明影师给阿曼等人带来了几样礼物，大抵是些书画家的字幅、扇面等。阿曼等人却也极高兴，双方脸上的笑容比那礼物还珍贵。

等着，与周围的鲜花一起。或默然端坐，或悄言低语，或静或动都在安然中。

等着的时间总是长的，于是我到宾馆外的院子里转了转，已经有人在这里。

院子很大，我转到了停车的那里。夜是暗的，不见都市的喧嚣与光亮，远处不时有车声流动，却也稀疏，像是怕你忘记了这是城市，于是来提醒一下。真的感觉是在乡间，静谧而安然。虽然暗，却也能看到周围有着好多的树，且有一些是大树。且我眼前就有一棵，大到你必须去仰望它。因为院内所有的天空几乎都给了它。抬眼看，疏疏密密都是枝桠。透过枝杈，可看到天上密密的星星。这情形在北京恐怕不多见。有一只夜鸟在树上叫着，咕咕的像是鹧鸪。

暗影中，一僧人在宾馆门口那儿徘徊，朦胧中，只见花鬓鲜明。那是年轻的崇康师。

在这样的一个夜晚，大树扶疏，屋檐星密，几多禅人，来到此地。想那星斗没有国度，而人心亦没有今古。这样一些个人，与所有的时间和空间，同在佛陀的微笑里，想想也真有意味。

天亮后坐车去火车站，阳光下的新德里是这样贴近，火车站周围人很多，车也不少，乱乱的，似乎没有秩序。人的肤色是黑的，身上的衣服也不鲜亮，散散点点的还有乞丐，跟我们国家比较起来，果然是穷了不少。不过，从这些人的眼神里，却没有看到贫穷带来的紧张和焦虑，相反，倒是舒缓和平和，甚至还有清澈。即便乞丐吧，似乎也有着几分优雅。阿曼说，印度人生活闲适，什么都不着急，不看重现实生活，有的吃，有的穿，有的住就可以，好不好不管它。虽然穷点，每个人都非常快乐，非常高兴，最大的目的是快乐。妨碍快乐的事没人干。即便是国家工作人员，也是很闲散。印度节假日很多，一年有200多天是假期，假期是不上班的。阿曼还讲，印度的教育是免费的，从小学到高中，用不着花钱。医院也是免费的，看病不要钱。问题是人口太多，人口多的原因是一个男人可以娶两三个老婆，且不实行计划生育，国家提倡生两个孩子，但没人听。因此一个家庭可以生好多好多孩子，甚至有生二三十个的。男女婚姻，也多是父母之命，只要双方父母同意，即可结婚。婚前的男女双方甚至没见过面，也不必登记领结婚证。虽然如此，一旦结婚就是一辈子，没有闹离婚的。印度人没有离婚的概念。

阿曼的每一句话，在我们听来都很新鲜。

穿过天桥，我们到了站台上，等待上车，出乎意料的，站台上还有牛晃来晃去，且走了一头，又来一头，那种在人群中穿行的自在身影给人以深刻印象。警察背着枪站在站台上，与街上的警察一样，手里还拿着一根很随便的木棍儿。正是这根木棍儿把他们的庄严身份大大打了折扣，使他们有了几分乡下老农的味道。原来那木棍儿是用来掬牛的。印度人视牛为神物，牛可随意游走，没有不能去的地方，也没有人阻止它们。即便卧在大街中间，所有的车都会绕着走，警察手上的木棍儿就在这时起作用，把卧着的牛轻轻掬起来，说是掬，还不如说是哄，不让牛有半点紧张。

据阿曼讲，印度人爱惜一切物命，不光对牛，对所有有生命的物体和没有生命的物体也都尊重、爱护，他们都像爱人类一样爱着它们。以后的几天，在各处看到的情形证实了阿曼的说法。在农田里，农夫们在干活，身边游走着孔雀、灰鹤或者别的什么鸟，牛背上栖着白鹭，相互亲近。几个人搂不过来的大树到处都是，树是保护神，树不枯是不砍的。还有狗，在不同的地方看到了不同的几条狗，走狗不用说，凡卧着的狗，是连头一并摊在地上、闭起眼睛的，人走到近前也不动。它们没有半点防备心，因为从来没有人（包括孩子）踢它们一脚，或投它们一个土块，更别说捕杀了。这里应该说是动物的天堂，因为信印度教的人不吃肉，而全印度80%以上的人信印度教。不吃肉就意味着不杀生，不杀生，动物就没有恐惧。没有恐惧的动物喜欢跟人在一起。

除了不吃肉之外，印度教信徒还不抽烟，不喝酒。因此即便在火车站，也很难见到一个抽烟的人。

上车了，我们坐的是上等车厢，也是硬座，但是有座位号，不至于挤。别的车厢是很挤的。因为在印度，坐火车是很随意的事情。有钱的人去买票，没有钱的人不用买票，没有人检票。好像很少发生有钱的人不买票的事。有钱人若不买票，那是对自己的不诚实。对自己都不诚实还能对别人诚实么？这会遭人鄙夷。且有票的人可能站着，而没有票的人可能坐着。因为谁先上了车坐到了座位上座位就归谁了，这是个不成文的规矩，人人遵守，有票的人也没怨言。

有了这个背景，因此上车之前，阿曼就叮嘱大家，占好自己座位，别让别人占了先，那样会很麻烦。看来阿曼没有白到过中国，他知道中国人在上车的时候怎么想。这一刻他也俨然成了中国人，维护着他的客人们的利益。

到底还是有了点麻烦，尽管从多少号到多少号都是我们的，上车后大家相互占座，但还是有两个很体面的人坐在了我们的座位上。我们的人跟他们讲，这样那样，用手比划着，"后面就有闲座，您两位去那儿不好么?"但那两位却"听不明白"。阿曼来了,咿呀咿呀说了好多,但仍旧没效果。后来我想,由阿曼来说,可能更没效果。那两个人准会想,你是谁?他们不懂规矩倒还罢了,你跟着瞎掺和什么。

只好让他们坐了,也坐得很安稳。他们是在争座位么?应该不是,而是在维护那样一个印度人都遵守的秩序。

在车上,维那师轻敲引磬,我们正襟危坐,诵《大悲咒》和《心经》,为大众祈福。这两个人坐在我们中间,略有几分好奇,但神态依旧安然。

车窗外金黄一片,那是将熟的小麦,麦田中间有着连片的或者孤立的树,特别那些孤立的大树,树冠大得须以亩计,郁郁乎如缊蕴之云。农人二三点缀其间,忽然有三五妇女依次行走在田埂路边,身上亮丽、飘逸的纱丽带着风缕,真的如诗如画。

火车走得不紧不慢,这正好让我看窗外风景,除了风景还是风景,地里也有机井,麦地里这里一个那里一个的用草编成的小屋子便是泵房。也有电网从远处架过来,也能发现个把的拖拉机。村子很密,房子高矮不等,有砖房也有草屋,牛和人在屋前闲着。没有工厂,唯一的工厂是砖窑,高高竖起一根大烟囱,地上有笨重的排子车以及砖和坯。据说这里烧砖并不就近取土,而是从别处拉那不适宜种地的土来。特别好看的是一种很高形状亦很好的树,树上开着大朵的红花,远远看去,像燃烧的火焰。问阿曼,阿曼竟然不知道此树的名字。

在勒克瑙下火车，然后改乘大巴，到舍卫国去。

大巴车拐弯，阿曼说高速公路就要到了，果然路宽起来，路面也平了。但是并不见有收费站，也没见路边的栏杆或标志，与我们的国道无异。阿曼说这就是高速路了，汽车可走，三轮可走，自行车可走，人可走，牛可走，狗亦可走，是一条很随意的路，只是路况好些，车速高些，因此叫高速路。多高的速度呢？每小时60公里。这得让中国人笑傻。但在印度人眼里，这的确是高速路。每小时60公里，走这么快干嘛去呢？

我们走的这条路，据说是中印两国的古商道，当年玄奘法师就是沿着这条路去舍卫国的。这样一说，便让人心生敬重。

大巴不紧不慢，到了舍卫国已是晚上，汽车径直开进宾馆。晚上与否并不要紧，关键是临来之前预先有了一张表，那上面说今天参谒祇树给孤独园，这样一来，实在是耽误了事。于是有一些人觉得被时间戏弄了。这样下去，时间表不就等于虚设了么？

大家从车上下来，脖子上依然挂着那串从凌晨就挂起的花鬘。花鬘有了些颓败，一些人的情绪也如这花鬘，几分疲惫几分燥气。

时间！时间！守时是中国人的优长，特别是近些年来，时间就是金钱、时间就是效率的观念早已深入人心。中国人已经被时间卡得死死的，甘愿被时间卡得死死的。

但印度人处理起时间来却随意很多。火车、汽车晚点是正常的事，约会来晚了也不算什么。印度人过日子不攀比，都心无旁顾地守着自己，自由自在，因此没有着急的事。这一切都因为，他们只愿意将时间当花鬘那样悠闲地挂在脖子上，而不想把时间当成捆绑自己的枷锁。

我真的不知道中国人处理时间的方式好，还是印度人处理时间的方式好。

第一步　祗树给孤独园数宝

第一株菩提树

菩提树，本名荜菠罗，因为悉达多太子在荜菠罗树下觉悟成佛，遂称菩提树，亦即觉悟树了。

在宾馆住了一夜，早饭后，即到祇树给孤独园去。仍旧坐大巴。朝圣之事，其实是应该走着，步履安稳，心地平和，但人毕竟活在时间里，来回只有10天，要参谒这么多地方，只能匆匆来去。

祇树给孤独园，读过佛经的人对这个地方都会倍感亲切。这个园子颇有来历。舍卫国有位大富长者叫须达多，此人心地善良，常常施济于孤寡贫陋之人，人送雅号给孤独。给孤独长者一次到南方王舍城看朋友，见朋友正在吩咐妻子、仆人"破樵燃火，炊饭做饼，庄严堂舍"，一副要办大事的样子，给孤独以为不是嫁女娶妇，便是宴请国王大臣。结果朋友告诉他，是因为要供斋于佛陀和他的弟子们。

给孤独长者第一次听说佛陀之事，他自己也是婆罗门的教徒，业已修行多年。苦心修行的人很多，也有好多人有神通，但却没见谁证到佛果。如今真的有佛出世了，"佛兴于世，非为小事，得闻正法，亦非小事"，心里越想越高兴。夜里睡不着，便爬起来，一个人到竹林精舍去见佛陀。走到半路又生疑惑，不知朋友所说的佛是真是假，这么贸然而去，是不是有什么不对？疑惑心起，天色突然变黑，黑得让人恐怖。突然又想，既然已经来了，就该见个究竟。这么一想，天色大放光明，明如白昼。到了竹林精舍，见佛正在竹林间经行，相好庄严，一时不知如何是好！这时见有人给佛顶礼，围佛右绕，给孤独长者便也这样礼敬佛陀。佛陀为他开示，"度诸疑惑"。凡是修行人，都有疑团在心里，数度思维，数度不解。突然有人一言点破，那样的一个怦然粉碎，乌云开处，还他那晴空万里。给孤独长者便是这一状况，一闻佛法，内心即明如朗月，一下子证得须陀洹果。给孤独长者闻法，从此皈依佛门，为大居士。

给孤独长者怀着一颗感激的心，请佛陀来舍卫国讲法，并愿意给佛陀和众比丘建立一个精舍。佛陀默然受请。

给孤独长者立即回到舍卫国，着手精舍之事。选了好多地方，都不满意，唯有祇陀太子的花园最为理想。他把意思跟太子说了，但此园也是祇陀太子的至爱，坚决不卖。给孤独长者再三再四劝说太子，太子就随口说了一句话并没当真的话："你想要也可以，用黄金把地铺满。"

给孤独长者马上把家产变卖一空，换成黄金来铺地。当黄金真的快把园地铺满的时候，祇陀太子愕然，他想，本是句玩笑话，长者竟这样当真。由此他想，看来这佛陀定然不是非凡之人，于是找给孤独长者来问。给孤独长者把佛陀之事再次讲述给祇陀太子听。太子听了，也生起大恭敬心。他对给孤独长者说，我说黄金铺地，地你是铺了。但树底下你没铺，你也没法铺，因此这树还是我的。这样吧，你献地，我献树，这园子算成我们两个人的吧。于是他们俩把园子献给了佛陀，遂名祇树给孤独园。

车在祇树给孤独园附近停住。下车之后，便望见一片树林，其中有一株一株的大树，冠盖如云。园林与周围田野连为一片，不需门径，也没见管理人员，远远地可以看见，树林里面残存一些红砖砌成的高高低低的房舍基座，那便是当年佛陀说法和居住的地方。那些遗址便是我们的目的地。

我们向里面走着，一株大树矗立在路旁，这便是菩提树！一听说是菩提树，好多人的眼睛都亮起来。惊喜之中，人们向它行注目礼。只见它枝叶婆娑，绿荫浓厚，心形的叶子呈浅绿色。菩提树，本名荜菠罗，因为悉达多太子在荜菠罗树下觉悟成佛，遂称菩提树，亦即觉悟树了。在此树下，人们流连不已，注目再三，然后拾取落在地下的菩提子和菩提叶。这虽然不是菩提迦耶佛陀成道的那株菩提树，但却是我们亲近的第一株菩提树。人们因此欣喜，甚至有点喜形于色。正在此时，阿曼忘记了什么，回到车上去拿了。这样的一个空当，庄严与弛怠，欢喜与漂漫，紧凑与松散，也许就是这么一偏那么一偏的事。

在别人看来，没有什么。庄严者自在庄严里，欢喜者自在欢喜里。但明影师却有着一份担心。因为毕竟这些人，还不敢说是道心深厚，更有这些白衣居士，依然是社会中人，炉熏缸染，清浊不同，即便在自律中，也难抑胡思乱想，千万不能于无形中给鱼儿放一片水。于是明影法师，庄严了神情，站在菩提树粗壮的树干旁，说了一番严肃的话。

他明示此行目的，不同于任何一次的观光游览，而是朝圣。人人当发菩提心，护持正法，亲近佛陀，体悟佛陀的伟大和生命的最高境界。所有的一切散乱心都当归拢于此，不可被一些树叶草子等物，遮迷心中明灵。

如此一份庄严，一份慈悲，真的让人心生感激。好多人便齐拢了来，以此一番话来给自己作钟鼓。

明仰师，这位禅寺住持，他的那种安详别人替不得。他这次来谒佛陀真迹，自是人生大事中的大事。而禅者眼中，无处不是禅，无物不是禅。该是处处可参，事事可悟。菩提叶菩提子当是佛陀信物，中国觅也觅不得，觅来也怕不是。因此不但他也拣了，而且他也愿意别人拣。明影师的一番归拢，他倒怕有失禅者的活泼。因而他说：这可是菩提子啊。

明影师便也笑起来。

一时佛在……

在祇园深处，我们止住脚步。这是一座高台，红砖所砌，砖缝间点点霉苔，记录着岁月留下的斑痕。在阳光的照耀下，遍处明媚。这是佛陀讲《金刚经》和《阿弥陀经》的地方。

每到圣地，都要脱了光脚行走。我们把鞋脱下来，当赤足踏在这温热的土地上，便立刻有了无比亲切的感觉。当年佛陀与他的弟子们，就是这样赤足而行："一时佛在舍卫国祇树给孤独园，与大比丘众千二百五十人俱。尔时世尊食时，着衣持钵入舍卫大城乞食，于其城中次第乞已，还至本处。饭食讫，收衣钵，洗足已，敷座而坐……"这是《金刚经》的开头，也是当年佛陀与他的弟子们修行生活的真实写照。

园子里有很多朝圣的人群，东南亚的居多，或僧或俗，或男或女，个个神情肃穆，心地安详，在诵经或者经行。我们走着，看着，听着阿曼的讲解，舍利弗讲法的地方、佛陀安憩的地方、佛陀讲经的地方……

这里的一砖一石，一草一木，都很生疏，但又极亲切。就是因为它们与佛陀有着关系。阿曼的讲，也只能是挂一漏万。这么大的园子，这么多的房基，那么多的圣迹，要让阿曼说清楚，也真的为难了他。佛陀在此待了20年，有多少事情发生在这里！单是他说的法，又有多少！小乘部的《长阿含经》《中阿含经》《杂阿含经》《增一阿含经》，大乘部的《金刚经》《阿弥陀经》《楞严经》等，都跟这里密不可分。而这些经典，都是佛教最重要的经典。

阿曼指着一处房基说，这是舍利弗说法的地方。

在佛的十大弟子中，舍利弗智慧第一。他做佛的侍者长达20年，曾多次代佛说法。他不仅精通佛法，同时还是一位著名的建筑师。祇树给孤独园里的精舍就是他设计和监督施工的。他在这里建了专供集会用的16座大殿，建了60所小堂，分为寝室、修养室、盥洗室、储藏室、厕所等。现在我们看到的这些遗址，就是舍利弗当年所建。

在施工的过程中，遭到当地外道的反对。不仅要求与舍利弗辩论，还要与之较量神通。舍利弗的神通其实也很厉害，他先拿佛法与外道辩论，然后腾空而起，在半空中展示18种神变。外道不得不服，有好多人因此皈依了佛门。

若说舍利弗的神通，连神通第一的大目犍连也非常佩服。

一次佛陀在阿耨达池边为诸比丘说戒，座中少了舍利弗，佛陀就对大目犍连说："大目犍连，你去祇园把舍利弗喊来。"大目犍连应声而去，他到了舍利弗座前，说道："尊者舍利弗！佛陀让我来请你到阿耨达池边去听戒法。"舍利弗正在补衣服，他把手上的一根衣带放到地上，对大目犍连说："尊者大目犍连！您把这条衣带拿起来，我就跟着你走。"

大目犍连就用手去拿，但此衣带却好像与整个大地连在一起，拿不起来。于是他显用神通，尽力去举，结果整个大地都震动起来。舍利弗赶忙把衣带缠缚到须弥山上，大目犍连一下子把须弥山举起；舍利弗随即把衣带缠缚在佛陀的狮子座上，大目犍连无论怎么用神力，也纹丝不动。舍利弗笑着对大目犍连说道："尊者大目犍连！我们所学所证，和万德万能的佛陀相比，实有天地的悬殊。我们的神力即使可以摇动须弥，震撼天地，但佛陀的法座是不能摇动分毫的。我对我的神通力发生怀疑，所以才请你试试。现在我们赶快去拜见佛陀，你先走，我随后就来。"

大目犍连就先走了，当他到达阿耨达池时，却见舍利弗已经在佛陀身旁坐着了。

在舍利弗说法的地方，铺满阳光。我分明看到了有一根衣带还在那儿，看谁能够举起。

在祇园深处，我们止住脚步。这是一座高台，红砖所砌，砖缝间点点霉苔，记录着岁月留下的斑痕。在阳光的照耀下，遍处明媚。这是佛陀讲《金刚经》和《阿弥陀经》的地方。听阿曼这样一说，大家便庄重了神情。《金刚经》讲："凡所有相，皆是虚妄。若见诸相非相，则见如来。"凡所有相，乃我们眼目中的形而下之相，我们以为实有的种种物相，包括我们的身体，其实却时时处在流变之中，当不得真。待把这些看破，才会见到如来，如来即是实相。《金刚经》意在打破人的对假相的执著，"无我相，无人相，无众生相，无寿者相"，从而弃虚向实。所谓实相亦即一真法界，一真法界到底是怎样的呢？佛在《阿弥陀经》中透露出消息，那里一切坚固，一切明洁，无量光，无量寿；那里依正庄严，有九品莲花，七宝行树，八功德水，众鸟妙音，其国人民，"无有众苦，但受诸乐"。《金刚经》讲空及破空之法，《阿弥陀经》讲有及抵有之途。空是真空，有为妙有。智慧的通灵无碍与福德的庄严体现，其实是一不是二。

高台前面是一片开阔地，我们在开阔地上站成方队，师父们展开拜具，维那师敲响引磬，我们顶礼如仪。之后席地而坐，在阳光下诵读《金刚经》。

经声琅琅，阳光熠熠，一种感动在心中流淌。我在给大家照相时看到，坐在首排的明影师泪流满面，后面许建信等几个人也是。

平时也诵《金刚经》，但今天在这个地方诵读，感觉自然不同。原来字面上的景象，一下子到了眼前。佛陀与他的弟子们托钵回来，脚上沾满了泥巴。他们吃过饭，把钵洗净，把脚洗净，然后到殿堂登座说法。而此时，伟大而慈祥的佛陀，似乎就在高台上端坐，而长老须菩提应该就在我们中间，"偏袒右肩，右膝着地，合掌恭敬"，而请佛说安心之法。佛陀慈悲，无上微妙之法，一句句娓娓道来，"菩萨应远离一切相发阿耨多罗三藐三菩提心"，将菩萨心定位于无限大，不住此不住彼，而又不舍彼此，救助一切，而无一丝有为之念。其情形就如日月，光明遍临大地，而自身浑然未动。

佛陀在《金刚经》中，谆谆教诲，不要把佛陀当偶像："若以色见我，以音声求我，是人行邪道，不能见如来。"不要把佛法当教条："汝等比丘，知我说法，如筏喻者，法尚应舍，何况非法！"他告诉我们，佛没在别处，而在自己这里，自己那一颗不垢不净、如如不动的心，与佛心等同。因此修佛，不假外求。

他让我们有正知、正见、正信、正念、正行，而摒弃邪知、邪见、邪信、邪念、邪行。而"一切诸佛及诸佛阿耨多罗三藐三菩提法皆从此经出"，因此《金刚经》便是佛心妙谛的自然流露，代表着最高的般若智慧，因而此经成为辨别真假正邪的试金石。

诵经毕，我们来到佛陀居室遗址。依地基看，这是一个长方形的屋宇。我们就围着地基右绕。师父们在前面逶迤而行，走在最前面的是明仰法师。明仰师是这次朝圣中年龄最长的一位，今年70岁，他是内蒙古呼和浩特千手千眼观音院的方丈。年龄虽长，步履依然矫健。每次绕塔、绕佛，都由他引领，他神情裕如步态安稳，代表着这支队伍的纯和虔敬。

居士们赤足跟随着师父们，而师父们的前面应该便是佛陀。两千多年前的那些屋舍虽然不在了，但阳光还是那样好，风还是那样清爽，近处的花远处的树历历在目，这风这光这花这树这墙基……无一物不是如来的清净法身。"如来者，无所从来，亦无所去，故名如来，"佛如是说，佛也如是现。

我夹在居士们中间，双手合十，低首而行。突然，一股暖流从心底涌出，两眼一热，泪水夺眶而出，顿时满脸泪湿。说不清是悲是喜，是痛是快。泪流着，也用不着将泪抹去，就让我像孩子那样泪水纵横，就用这泪水来洗涤心灵上的灰尘、泥垢，就用它来感恩佛陀。

绕行之后，众人散开，可以随处留恋、浏览。

有人到菩提树下打坐，有人到讲经台前留影，而明影师依然在佛陀居室前徘徊不已，他在体悟什么？他体悟到了什么？后来他慢慢止住脚步，向着佛陀居室端正身心，深深拜下去。阳光照着他匍匐的身子，许久许久，他的头面或许已经抵触到了温热的佛足。

在佛陀居室徘徊的还有冯路钧，他的那种依恋神情令人感动。这是位年轻的律师，学的用的都是法律，每日在处理着人世间的纠纷，处理着各种各样的官司。当初，每当为当事人赢得官司时，他会得到一些快感，也会有事业上的一份荣耀。但是，干着干着，突然便感到有些不对。不是他不对，是这个世界不对。每一场官司，双方都要投入大量的人力、财力、精力，还有时间，有时一场官司会旷日持久。最后官司判了，某某赢了，某某输了。输了的输了，可是赢了的赢了么？真的是两败俱伤，没有赢家。冯路钧聪慧，正是从这些官司身上，悟得人生意义。若有一方认错，就没有了官司。都以为自己对，才有了官司。那么到底是谁错了呢？法官判的对错是对错么？人人在局限中，不但原告被告在局限中，法官、律师等等的，也都在局限中。由此看来，这官司还有意义么？可是若连这个都没了意义，还有什么是意义呢？人生真正的意义在哪里呢？

到底还是人心这里出了问题，都以为自己对，于是矛盾出，是非起，这个世界就错了。都以为自己错，都从自己身上找原因，就没了是非和纠葛，这个世界就对了。

冯路钧在疑问中，遇到了佛法。从此他内心一片朗然。

如今在祇园，他说他找到了回家的感觉。回家的感觉，那是怎样的一份踏实和怎样的一份温暖啊。

一间一间的，这些都是当年的僧舍。一千多名比丘，安住在这里，每日与佛陀在一起，托钵行化，打坐听法，会是怎样的一种安适和清净。

在这些僧舍里，定然有一间是那位病僧的。佛陀照顾病僧的故事就发生在这里。

按照律仪，佛陀每五天到弟子们的房间里去看一看，此谓"按行诸房"。就在一次"按行诸房"时，佛陀发现了一名生病的比丘，这比丘病得很重，睡在大小便溺之中。佛陀见了，当即问明情况，用手遍抚比丘病体，把他身体擦拭干净，把他扶到室外。然后佛陀"更易敷蓐，亲为盥洗"，把铺的盖的都换掉，然后把病比丘重新安置好，并给他盖上一件衣服，又把弄脏了的衣服洗干净，晾晒起来。

在接下来的说法中，佛陀专门嘱咐众比丘，应该怎样照顾病者，从饮食到药物到护理，细致入微，一一说到。而病者应该怎样做，怎样自律，怎样少给别人添麻烦，也一一嘱咐到。

这些僧舍，在印证着佛陀的慈悲。

在给孤独园的中部，有一口老井，也许经过无数次的修葺，井口圆而阔，直径一米有余。井口周围洒满了鲜艳的花瓣，远远看去，好似放在地上的一只五彩花鬘。崇康师、史国铨、宋慧、任捷等人，围着那口井，瞻仰拜谒。

当年玄奘法师来时，看到的应该也是这口井。他在《大唐西域记》中记述此井，"如来在世，汲充佛用"。不管这口井是不是佛陀时代的，他在给孤独园就有了足够的象征意义。《易》之井卦象辞说："井养而无穷。"井水甘洌，用以养人滋物，因此爻辞说："井收勿幕。"修好了井，井上不须加盖，应该让人们随时取用。佛陀在此说法二十多年，佛法无尽，如井如泉，世世代代滋养着娑婆世界的众生。

在大家随意观瞻时，乔万英来到一株树下，打开了他的画夹，开始画画。

乔万英是山西昔阳的一位农民企业家，也是画家，还是诗人和歌者，水平都很专业却不是专业人员。他把他的所有生活都归纳到了心灵上，靠心灵来统领。心灵深处，便是佛陀。这次朝圣，他行囊很重，带来了画油画用的所有工具，他想把眼里的和心里的都画到画板上。

到大家到菩提树下集合时，他已经把画画好。他把画展示给人们看，展示给人们的还有他的朗笑。他的画也真画得好，远塔近树，一片明媚。

在菩提树下，明仰师拣到了一枚罗汉果，这给了他一个意外的惊喜。罗汉果不算什么，但在这个神圣的地方，朝圣的人群熙来攘往，不可能有罗汉果，他却竟然得了罗汉果，这里头似乎有着太深的寓意。是他的佛缘深么？是他的佛心笃么？他把握着它，朝着佛陀遗址深深致意。

他在拣罗汉果时，我却没在他身边。到了这天晚上，在他的屋子里，我向他请益。他说到此次朝圣，说了诸多的感受之后，才说起罗汉果之事。他把罗汉果展示给我看，高兴之情依然溢于言表。

这位明仰法师，虽不是童贞入道，却也修持得好。他是临济宗第45代和曹洞宗第49代正法眼藏传人之一。在网上见到，2004年初，在赵州柏林禅寺，上净下慧老禅师将临济法位传给明仰法师时，有一表信偈，表信偈这样说：

身如流水亦如云，

幻化空身即法身。

了却梦中空劫事，

倒骑牛背一闲人。

这样的偈语真有境界，相信这样的偈语也不是谁都能得的。

从祇树给孤独园向外走的时候，人人微笑如莲。我看到有几柄菩提叶捏在史欣悦手上。她从深圳来，带着"80后"的朝气，与她同来的还有西安的她的父亲史国铨。父亲学佛，她学父亲。在父亲的微笑里，她懂得了微笑的力量，在父亲的爱意中，她学会了爱别人。这支朝圣队伍分为了4个小组，她是一组组长，我是她的组员之一。她始终在看顾着她的组员，发钥匙、收钥匙、通知集散时间、查点人数、催促或者等待，事无巨细，照顾得很是周到。特别对我，一直照顾有加。

在祇树给孤独园，有了这样一次参谒，虽然短暂，却旷日难忘。就因为它关乎心灵。

出了祇树给孤独园，上了汽车，我问邻座张玉欣："得到了什么?"

她脱口而出："无所得。"

随后她又说："我记得这样一句话:'无佛之处急走过，有佛之处莫停留。'真的是无所住。"

无所得，无所住，这也便是《金刚经》的教诲。这个张玉欣，莫非她真的有了一个境界?

女儿经与男人刀

给孤独全家都出来礼佛，只有这个玉耶不出屋，连佛的面也不想见。
你不是不想见佛么？但佛有办法。即使你不出屋，也让你见到佛。佛
即放大光明，照玉耶室内，屋子都是透明的了。玉耶生起大惊怖心，
只好出来礼佛。

　　汽车走了很短的一段路，就停下来。原来是给孤独长者的家到了。
当然已经是遗址，一片高高的墙基，有台阶通上去。站在高墟上，可以
看见深下去的一个个的房间，在阳光下闪着光。有一株菩提苗儿生在墙
缝里，高不过半尺，一片生机。明仰师见了，眼睛一亮，说不知道能不
能移栽。他这样说时，我便替他想，若是栽在他所在的观音院，将是一
派何等的葳蕤！

　　明影师说，给孤独长者是大护法，为请佛陀转法轮，不遗余力。居士
们应该以他为榜样，修持正法，护持正法。

　　在舍卫国，还有一位女护法，名叫毗舍佉母，这位活了120岁的女居
士，一生笃信佛法。在她的诱导下，公公婆婆丈夫都先后皈依三宝，并证

给孤独园内的菩提树

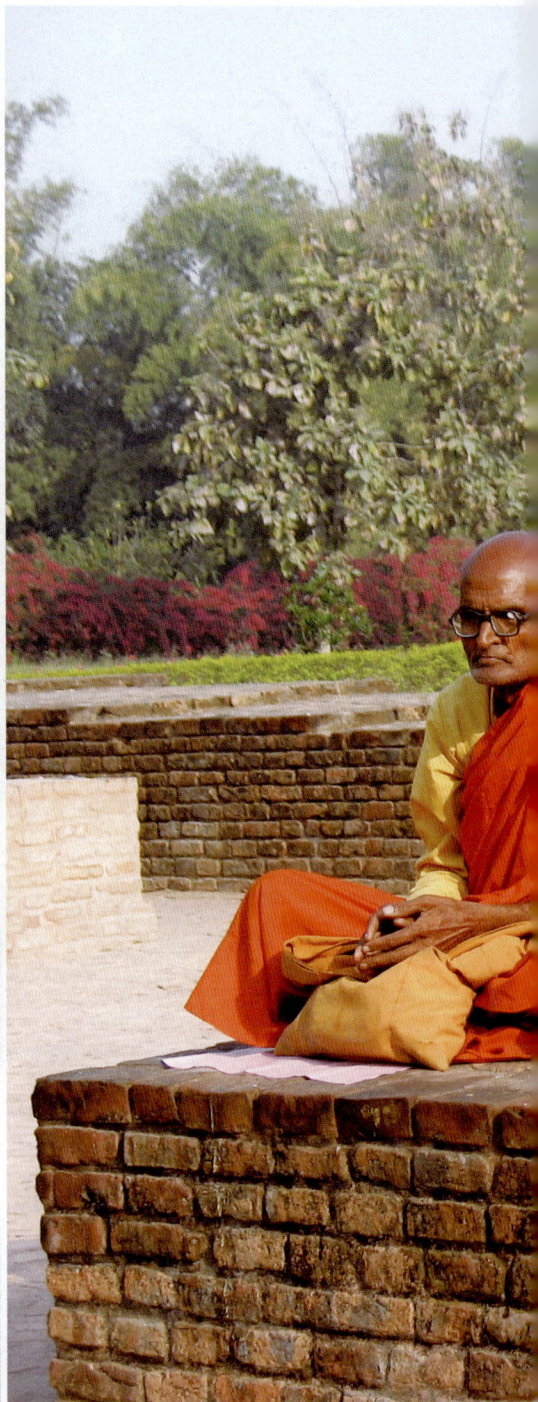

祇树给孤独园内的修行者

祇树给孤独园园景

在佛陀讲《金刚经》的地方诵读《金刚经》

明影师在佛陀的居室前端正身心，准备朝拜（上图）

祇树给孤独园内的水井。当年玄奘法师来时，看到的应该也是这口井（下图）

给孤独长者的家遗址。给孤独长者是大护法，为请佛陀转法轮，不遗余力

在佛的住处经行

得圣果。她一生供养佛陀和他的弟子们，在一次听法时，遗忘下一件价值连城的衣服。她想拍卖这件衣服，但无人能买得起。她自己出钱买下了自己的这件衣服，就用这卖衣服的钱建立起鹿母精舍，供佛来说法。佛陀曾在此精舍住了7个夏天。

这两位大护法，真的是居士们的楷模。

就在这片居处，还有一个人也特别有名，这个人便是玉耶女。佛陀的那部《玉耶女经》，便是在这里说的。经上说，给孤独长者给儿子娶了一个媳妇，这个媳妇便是玉耶。玉耶女出身豪贵，长得也漂亮，但是性情骄慢，不孝顺老人，不善待丈夫。这让给孤独长者发愁，恨极了真想拿棒槌打她，但又知道不妥。可是，不拿棒槌打她，又没有别的办法，日子长了，就会愈来愈不好调教。最后没办法，只好请佛陀来。

给孤独长者设斋请佛，佛与诸徒众应请而来。给孤独全家都出来礼佛，只有这个玉耶不出屋，连佛的面也不想见。你不是不想见佛么？但佛有办法。即使你不出屋，也让你见到佛。佛即放大光明，照玉耶室内，屋子都是透明的了。玉耶生起大惊怖心，只好出来礼佛。

佛告诉玉耶怎样才能当一个好女人。

佛说，女人不当仗倚端正而生骄慢。形貌端正，非为端正；唯心行端正，人所爱敬，才是真端正。

于是佛细细给玉耶说，女人的三障十恶，一一例举。玉耶听后，身心战悚，特别害怕。她对佛说："唯愿世尊，教我怎么当媳妇。"

于是佛陀给她说媳妇分几种。

"佛告玉耶，作妇之法，当有五等。何谓为五？一者母妇；二者臣妇；三者妹妇；四者婢妇；五者夫妇。"母妇，爱夫如子；臣妇，事夫如君；妹妇，事夫如兄；婢妇，事夫如妾；夫妇，"背亲向疏永离所生；恩爱亲昵同心异形；尊奉敬慎无骄慢情；善事内外家殷丰盈；待接宾客称扬善名；最为夫妇之道"。

另外佛陀也指出了媳妇的三种恶："一者未冥早眠日出不起，夫主诃嗔反见嫌骂。二者好食自啖，恶食便与姑嫜夫主；奸色欺诈妖邪万端。三者不念生活，游冶世间；道他好丑求人长短，斗乱口舌，亲族憎嫉，为人所贱。是为三恶。"

佛陀慈悲，具体告诉玉耶侍奉公婆丈夫应该做到的五善：一是晚睡早起料理家务，有好吃的先捧给公婆丈夫。二是看守好家里的东西。三是少说没用的话，"慎其口语忍辱少嗔"。四是端正身心，处处诚慎，总怕自己做不好。五是一心恭孝公婆丈夫，有好名声，让亲族欢喜，众人赞誉。

玉耶女听受了佛的教诲，心生惭愧。说："我太愚痴了，不知正法，都做错了。"她乞求佛陀，允许她忏悔改正。并当面向佛提出，受三皈五戒。

这个女人就这样改好了。

其实这个玉耶，也是来给世人做样子的。有了这个玉耶女，天下的女人都知道了该怎样做女人。

就在我们参谒给孤独长者的家时，当地的一个男人和两个女人还有两个孩子也来到这里，好奇地看着我们这些异域来的人。两个女人，一个披着橘红色的沙丽，一个披着橘黄色的沙丽，在阳光下显得非常漂亮。男人抱着小女孩，胖胖的大男孩站在旁边。小女孩也真漂亮，我们好几个人来逗她，抱她，给这家人照相，与这家人合影。他们一直都温和地配合着，脸上布满喜悦。

这两个女人的样子温柔、和顺，不知道他们读没读过《玉耶女经》。

就在给孤独长者家的斜对面，隔着一条道，有一座砖砌塔。塔已经塌陷，只剩下塔基，像座破砖窑，附近有一株干枯的老树，别有风致地矗立在那里。原来这里是鸯崛摩罗舍邪处。我们来到那个地方，站到顶端，看到下面砖墙有十几米深，像是地窖，且分好几间，下面还有门相通，已经有人穿到里面去了。

这个鸯崛摩罗，本是个不错的青年，信奉婆罗门教，跟着他的老师摩尼跋陀罗修行。他很听从老师的话，老师也特别喜爱他。于是有的弟子嫉妒他，在老师面前造他的谣，说他与老师的妻子关系暧昧，老师却不信。摩尼跋陀罗的妻子还真的看上了年轻率真的鸯崛摩罗，这天，摩尼跋陀罗外出，他的妻子来诱惑鸯崛摩罗，遭到鸯崛摩罗的断然拒绝。他说："师母！你的年龄比我大，我把你看成是我的母亲一样。这还是清净的地方，我希望你不要乱说乱来！"

老师的妻子恼羞成怒，她撕破自己的衣服，弄乱自己的头发，等丈夫回来时，她哭闹着要自杀，说是鸯崛摩罗欺负她。

摩尼跋陀罗真的生气了，他把鸯崛摩罗叫到面前说道："我把知道的都教给了你，但有一个秘密，一般不轻易示人。你不是想觉悟么？那就必须杀掉一百个人，把他们手指骨穿成指鬘，挂在颈上，才能觉悟。"

鸯崛摩罗很吃惊，他嗫嚅道："老师！杀一百个人？这……"

老师说："只有杀人才能洗雪你的罪恶，难道你不想做婆罗门，不想升天吗？"

鸯崛摩罗不敢违背老师的话，把心一横，像发狂似的到处持刀杀人。

鸯崛摩罗果然杀人了，且已经杀了99个，再有一个他就凑够指鬘的数了。人们都知道他杀人的事，见了他就逃得远远的，因此一个人也不容易杀到了。他的妈妈听说儿子杀人的事，非常着急，她跑来劝说儿子。妈妈来到儿子身边，儿子却想，实在不行，就把妈妈杀了吧，自己升天，也让妈妈的灵魂升天。

佛陀听说了这件事，突然就出现鸯崛摩罗面前。鸯崛摩罗见到一个沙门来了，马上放开了妈妈，来追佛陀。

"佛徐行，鸯崛急行"，但"追之不及"。

鸯崛摩罗喊道："你住下，你住下！"佛陀说："我早止住了，是你没止住。"

鸯崛摩罗一愣，当下便有所悟。

他被佛陀的威仪所震慑，又被佛陀的慈悲所吸引，他站在佛陀面前，低头不语。

佛陀问："你来做我的弟子好吗？"

鸯崛摩罗问："您是哪位圣者？"

佛陀说："我是觉悟者，住在祇园。"

鸯崛摩罗说："可是我有罪，罪孽深重。"

佛陀说："有罪不怕，只要肯忏悔。"

鸯崛摩罗就这样做了佛陀的弟子，很快他证得了阿罗汉果。

关于这位鸯崛摩罗，还有一段公案。是说他成了佛陀的弟子之后，有一天进舍卫大城乞食，进了一家门，正赶上这家妇人难产。这家主人问鸯崛摩罗："你是佛的弟子，有什么办法能解除难产？"鸯崛摩罗说："我乍入道，还不知此法，待我回去问世尊。"他马上跑到佛跟前，把这事跟佛说了，佛告诉他："你快去告诉那家人，就说：'我从贤圣法来，未曾杀生。'"鸯崛摩罗忙去转达佛陀的话，"其妇得闻，当时分娩"。

产妇难产，定有前因，或母死，或子死，或母子同死，很可怕。鸯崛摩罗其实是给了这对母子一个信息，增加了一个善缘，把这件事给解决了。

但是鸯崛摩罗，绝对是个杀过生的，为什么还要让他来说"我从贤圣法来，未曾杀生"呢？据说鸯崛摩罗也曾片刻犹豫，但佛陀强调说"我从贤圣法来"，他才明白。圣贤法，即佛法，佛法讲一切事物缘生缘灭，本质是空的。只要证得空性，世间所有全成梦幻。

宋代径山杲禅师有一段公案，可以为这件事作映衬。

和尚径山杲这天来到湛堂禅师这里，他以鸯崛摩罗这个典故来向湛堂禅师请教。

湛堂准禅师这样说："鸯崛摩罗说：'我乍入道未知此法，回去问世尊。'可是，我问你，若是还没来到佛前，那家的儿子已经生下来了，这如何说？佛言：'我从贤圣法来，未曾杀生。'鸯崛摩罗往回走，若是没走到，那家已生下儿子，这又如何说？"

径山杲答不上来。

径山杲这天诵《华严经》，当诵至菩萨登第七地证无生法忍这一段时，经上说，……譬如有人梦中见身堕在大河，为欲渡故，发大勇猛，施方便故，即便寤。既寤已，所作皆息，菩萨亦尔，见众生身在四流中，为救度故，发大勇猛，起大精进，故至此不动地。既至此已，一切功用靡不皆息，二行相行皆不现前，此菩萨摩诃萨，菩萨心佛心菩提心涅槃心，尚不现起，况复起于世间之心？"径山杲豁然大悟，也一下子明白了湛堂禅师原来问他的那番话。于是他口诵偈诗一首：

> 华阴山前百尺井，
>
> 中有寒泉彻骨冷。
>
> 谁家美人来照影，

不照其余照斜领。

那典故和这诗都太奇特，非我凡夫辈所能领略。写在这里，是为了让有心的人细细参问。

站在鸯崛摩罗舍邪塔基上，朝四周看去，绿野远阔，天地相接，远天近树，无不祥和。佛说有天国，莫非这就是？佛说有极乐世界，莫非这就是？

第二步　蓝毗尼的莲花

人面如花

一个人出生于什么地方，不是能够选择的，是因缘决定的。佛出生在印度，也有极深的因缘。

离开古舍卫国，我们向着佛陀降生地去。佛陀的降生地，在现在的尼泊尔境内。

一路走来，沿途两边不断有一个个的小店铺，凡店铺处皆有孩子。孩子多是印度的一大特点。这些孩子见到我们的车驶过，无不招手致意。其笑脸天真灿烂，嘴里喊着因稚嫩而更显好听的话语。听着孩子那些话语，便想到这样一句话：分明世上儿女语，到此都作天人声。

有的孩子从老远就打招呼，有的孩子本是脸朝里坐着的，见有车来，忙转了身子招手。有一个情节让张文海感动不已，几天之后他还忘不下。他说："有一个很小的孩子，也就三四岁的样子，见到车来，一边跑着一边招手。突然孩子摔倒了，赶紧向起爬，还没待爬起来，那小手就又摇动起来。"

不只孩子，我们见到的每一个人，无论男人还是女人，那脸都是微笑着的，笑脸背后一片纯真，绝没有我们所谓的深沉或复杂，更没有我们所谓的奸诈、诡秘，也没有我们所谓的忧虑和沉重。这里人人安适自在，闲着的人闲着，忙着的人也闲着，心里没事，静静地做着当下的事情。闲着的人就那么坐着，不下棋，不打牌，不吸烟，不喝酒，也没有闲话聊，更别说打架拌嘴。为什么？因为他们深知因果，穷也好，富也好，都是前因导致的后果，因此没有什么可埋怨的，没有什么可嫉妒的，亦没有什么可叹息的。因此他们不攀比，各家过各家的日子。人之所以有矛盾，有是非，是因为私心太重。而私心来处，是因为不明因果，别人有的我想有，别人没有的我也想有，因此就把对自己有利的事称为好事，把对自己有利的人称为好人，反之则是坏人坏事，由此说是说非，由此判定对错，由此定夺远近亲疏，由此或者嫉妒或者厌恶或者攀附或者打击，世界因此多事。为得到利益，用好多心机，得到了的，得意一时，得不到的，沮丧好久。弄得每个人都心事重重，不得舒展，不得闲舒。

史国铨讲了他早晨访问一家农户时的情景。他起得早，来到宾馆附近一家农户，男主人将他引进低矮的屋舍，见到了他的两个妻子和几个孩子，孩子还在床上睡着。他虽然思想有所准备，其屋内情形还是让他有些吃惊，除了身上穿着的，家里一件多余的东西也没有，连只哪怕破的箱子也没有，只有一件镐头样的农具。两间屋，人住，牛也住。真的是很穷很穷，可是，这家人却很快乐。他们的穷让他吃惊，他们的快乐也让他吃惊。

人人安于本分，人人安住当下，这便是他们快乐的因由。

下一站也许就是佛陀的降生地了，因此，明影师不失其时，开始回答自己提出的那个问题：佛陀为什么示现出生在印度。他说，一个人出生于什么地方，不是能够选择的，是因缘决定的。佛出生在印度，也有极深的因缘。明影师讲了佛在无量劫前以太子身以身饲虎的故事，后人专门建塔纪念。当年玄奘法师来时，专门拜谒此塔。玄奘法师问守塔的比丘："怎么知道是这个地方呢？"比丘回答："劫成劫坏，因缘不失，你看地是红的。"由此可以说，这个地方与佛陀有着极深的因缘。另一个原因，大家都看到了，印度文化与我们中国文化有着很大的差异。儒家讲究内圣外王，修身的目的是齐家治国平天下。而这块土地上的人，则重信仰，重修行，重心灵感受，不大看重现实生活，意在出世，这代表了佛陀的品质。还有，印度这个地方，有利于佛法的传播，可以北传大乘，南传小乘。"尔所国土中，所有众生，若干种心，如来悉知"。因此佛陀示现出生在此片国土上，事有必然。

明影师讲完，能虚师唱《佛宝赞》。这是位很年轻的法师，相貌端庄，神态安详。他静静唱来，声音若钟若磬，悠远内在。从声音中可以感受到他内心的纯真和清净。他唱佛陀，佛陀便在他的声音里，因此这声音使人感动，有的人流下了泪水。也许他唱过无数遍《佛宝赞》，但是今天唱来，肯定有着与平日不同的感受。果然，唱完后他感慨说道："今天，我好像回到了慈母身边。包括在祇园诵经时，有着一种说不出来的感受，每段佛经从口里诵出来时，似乎与佛陀同一个鼻孔出气。佛陀包容着我，这样的亲近，这样的慈和。"

灵蛇！灵蛇！

当年佛陀见到人的生命有生老病死而起大悲，并由此出家去探求众生生命的终极意义。而如今，2500 多年过去，这片土地上的人，对于生命依然充满着无尽的爱意。

汽车停住，说是净饭王宫到了。净饭王即是佛陀的父亲，迦毗罗卫国的国王。王宫的遗址就在公路边上，面积不大，房舍已经不在，只余房基。凸起来的是一座覆钵式的塔。塔的四周有些破坏，十来个人正在施工，把脱落的旧砖打扫一下再砌上去。见我们来到身边，他们停下手上的活儿，静静地看着我们。

悉达多太子曾在这里生活了29年。太子在蓝毗尼园降生之后，回到王宫。父王曾请诸相师为他看相，诸相师说他可做转轮圣王。有一位叫阿私陀的相师看完太子的相，遂把太子顶在头上，然后泪流满面。净饭王大为诧异，忙问怎么回事。相师说："太子不仅具有三十二相，还有八十种随形好，转轮圣王束缚不住，他必将出家修行，成就无上佛果。"净饭王说：

"那你哭什么？"阿私陀说："我年纪大了，等不到太子成佛，与佛无缘，因此而哭。"

太子可以成佛，这是天大的好事。可是，佛的事在此之前还没有听说过，出家人倒不少，也没见谁成佛。但眼前的事却很现实，净饭王还是愿意自己的王业有人继承，因此不情愿太子出家。为了防止太子有想法，他还专门给太子修了"三时宫"，让太子尽享世间之乐，不让他与外界接触。所谓"三时"，指春季、夏季和雨季，印度属热带，只有这三季。待太子成年，又给他娶了漂亮的妻子耶输陀罗，并且还生了儿子罗睺罗。

净饭王本想这回行了，没想到还是不行。太子大了，毕竟得出王宫。据说太子出游四门与社会接触，知道了人的最根本的问题：老、病、死，人要老要病还要死，这一下子使得人生没了意思。王业又怎样？王宫又怎样，娇妻美姜又怎样？万贯家财又怎样？这些在老、病、死面前，又有什么价值？正无聊时，在北门外，看到了一个出家的沙门。沙门僧那份清净和庄严，使他若有所悟，他似乎看到了人生的一缕曙光。人的生命能不能永恒？生死如何了断？能不能了断？他相信是能了断的，如果还没有能了断的，那么从他这儿开始。于是他毅然决然要出家，纵然父王不同意，纵然四壁高墙。终于在一个月圆之夜，他骑上白马干陟，带着仆人车匿，在天人的帮助下，白马越过高墙腾空而去。

车匿曾劝太子回家，太子答道："若使人间无生无死，无老无病，无爱别离，无怨憎会，得王位已，受诸功德，无有无常，境界真实，一生之中，无有浊秽，若如是者，可令我于此处心乐。"这便是太子的心志。太子已经窥到了世事的无常和虚幻，沙上建塔的事他不想做了，浪费生命的事他不想做了。他要借假修真，借此虚幻生命体进入实相世界。

此王宫应该很大很大才对，可是时光使它变得这样萎缩和颓败，这便是无常和虚幻。但是，塔基后面的景色实在是太美了，那一片绿色的草地，高处不太高，洼处也不太洼，平缓而阔大，略低处，茸茸草毡之下，赤脚踩上去，竟然汪出一层细密的水。而远处，草地之上，便是大树，便是丛竹，便是白色的徜徉着的水鸟。树也好，竹也好，鸟也好，无一不安详。这在当年定然也是王宫的一部分，说不定还是"三时宫"所在地。

我们就在塔后的草地上，向着塔礼拜、诵经，然后绕塔三匝。我注意到，砌在地面上的砖上面有的刻着印度文，有的还有象征法轮的"卍"字。正在绕塔时，却发现那个勤快的乔万英，早已跑到劳动的人群中砌砖干活去了。在他眼里，这里与他昔阳的老家，本就没有区别。你看他干活的样子，是那么娴熟，那么认真，真好像他不是新来的，更不是客人，而本就是这里的一员。他若是能说印度话，这里的人很可能会把他留下。

众人真的舍不得离开这里，在草地上流连、徘徊，想佛陀当年，出游四门乃至逾墙出家时的情景。而我身边的这些师父们，见到这地方，定然也会想到自己出家时的种种因缘和种种情形。父母同意不同意？自己是怎样的想法？下的是怎样的决心？遇到了怎样的阻力？出家前如何？出家后

净饭王宫遗址，佛陀在这里生活了 29 年（上图）
师父们在王宫后面的草地上经行（下图）

无忧树下。当年的四月初八摩耶夫人来到蓝毗尼园，在一棵巨大的无忧树下，产下悉达多太子

师父们在佛母祠与浴佛池前经行，水中映着倒影。他们步态安
祥，神情肃穆，一步一步是不是有莲花开呢

佛母祠遗址内部（上图）
佛母祠遗址外观（下图）

佛母祠遗址外面的莲花垛

悉达多太子的脚印，正是这双脚印的出现，给众生带来无尽的福祉

蓝毗尼园的阿育王柱

又如何？如今他们会把自己的心亮出来，让佛陀来印证。

偌大一个王宫，如今就剩下了这些。还有那样大的一个国家呢，也都没了。那迦毗罗卫国的国都的遗址还在不在？佛陀成道后，回家来省亲，净饭王迎接佛陀的那地方，还有没有遗址？据说佛陀的姨母给佛陀献了两袭袈裟，后人曾建塔纪念，那塔在不在？

佛陀还在世时，就有人要灭释迦族了。这个人便是舍卫国的琉璃王。

这琉璃王却是释迦族的亲戚。

当时佛陀成道不久，舍卫国的波斯匿王也刚当上国王，他便想，我该娶一个释迦族的公主来做王后。如果愿意呢，很好；若是不愿意呢，就是逼也得逼成。他派大臣前往迦毗罗卫国提亲。结果释迦族的人不同意，虽说不同意，却又不好拒绝。

正为难时，有一个名叫摩诃男的人说："我家一个婢女有个女孩，特别漂亮，就把她嫁给波斯匿王不好么？"后来也真这样做了。

波斯匿王一见，极为欢喜，即立此女为第一夫人。后来便生下一个男孩，起名琉璃。

8岁那年，琉璃到姥姥家学习射术。于是摩诃男召集了500个童子，与琉璃一块学。

迦毗罗卫城中新建了一所讲堂，装饰得富丽堂皇，准备请佛陀来这里讲法的。这天，琉璃太子与小同学们来到讲堂玩，琉璃太子坐到了正座上。释迦族的孩子们见了，把他推下座，并为此争执打骂起来。有个小孩子便骂琉璃太子是婢子所生。琉璃太子即发誓,日后我做了王,必报此仇!

波斯匿王命终后,琉璃为王。琉璃王为报当年受辱之恨,起兵讨伐释迦族。

佛陀听说了这件事,便到半路上,坐在一棵枯树下迎着琉璃王。琉璃王来到树下,顶礼之后,问佛陀:"有枝叶繁茂的好树,您怎么坐在枯树下?"

佛陀说:"亲族之荫,更胜余荫。"琉璃王听出佛陀的弦外之音,于是退兵。

这样出征了三次,在半路上遇到佛陀三次。但到了第四次出兵时,佛陀深知释迦族共业的果报不可避免,所以也就不再阻止。

大目犍连听到琉璃王又去征伐迦毗罗卫国,便欲以神通力来救。大目犍连真的有办法,他甚至可以将整个迦毗罗卫城移至天上。

佛陀却说不可。他对大目犍连说:"虽然你有神通,却也难除业因。这都是过去种下的罪业,今日宿缘已熟,只能受报。"

大目犍连还是不忍心,在琉璃王攻伐迦毗罗卫国时,运用神通力将释迦族的一些精英放至钵内,举至虚空。

琉璃王灭了释迦族,毁了迦毗罗卫城。

战争结束后,大目犍连将他以钵救人的事告诉给了佛陀。佛陀说:"你以为救了,其实没有。"大目犍连再显神通,但看到钵中的人已经死亡。

大目犍连大为惊诧，问佛陀是怎么回事？佛便将过去因告诉他，说："久远以前，有一个村落，村中有个大池塘，里面有各式各样的鱼。这年，遭受饥荒，村里人决定将池中的鱼捞尽吃掉，所以全村不分男女老幼都聚集于池边捕捉。有一个小孩，本性善良，虽不吃鱼，见到到岸上的一条大鱼，便顽皮地拿着棒子朝鱼头上敲了三下。当时的大鱼就是现在的琉璃王，他所带领的军队就是当时的鱼群，捕鱼的村人就是现在的释迦族，而那个顽皮的小孩就是佛陀的前世，虽未吃鱼，却也因敲鱼头的果报而头痛三天。"

这便是因果。佛陀也奈何不得。

因此说佛陀不是神，他不能代替谁做什么，都是自己种因，自己结果。因此这也便是佛法的最要紧处，为不种恶因，须清净身、口、意，熄灭贪、嗔、痴，勤修戒、定、慧。为了要这样做，就该亲近佛、法、僧。时时刻刻，莫忘了修行。

就要离开了，大家聚到塔这边来。干活的人们依然看着我们，那眼睛干净而明亮。突然，一条小蛇不知从哪里爬出，出现在我们和干活人之间。蛇只有半尺长短，细小而灵动，昂着头，身子游走如飞。干活的人见了，顿时满脸惊喜，嘴里发出欢呼，身子弯下来，对着小蛇站成两排，向着小蛇轻轻拍掌。同时也不时用眼睛瞟看我们这些异域的客人，那眼神似在炫耀：你看，这可爱的小东西！他们就这样把小蛇欢送到塔基的墙缝里，小蛇消失了，他们的笑容仍在脸上洋溢着。

这真的是一个意外收获。我想这小蛇，平日他们也不会轻易看到，但是在今天，我们都看到了。我们也因他们的惊喜而惊喜。当年佛陀见到人的生命有生老病死而起大悲，并由此出家去探求众生生命的终极意义。而如今，2500多年过去，这片土地上的人，对于生命依然充满着无尽的爱意。一条小蛇，应时而现，与当地的人们一起演示了众生生命的和谐和欢畅。

不败的莲花

极乐世界离我们不远，只需一念心行，心净则佛土净。他这样说时，
脸上的笑灿若莲花。哦，是了，只要一念心开，离境去染，莲花便开
了。莲花开处，便是无尘净土。

　　车继续东行，一直走到天黑，才走到目的地——尼泊尔悉达多城。就
此住下，第二天早饭后，既往释迦太子的降生地——蓝毗尼园。

　　蓝毗尼园在尼泊尔境地，距净饭王宫有几十公里的距离。为什么太子
没生在王宫，而生在这里呢？这是因为按照印度的风俗，妇女怀孕后要到
娘家分娩。当年摩耶夫人梦六牙白象入怀而孕，依照风俗，她也要回娘家
生产。她是天臂城善觉长者的大女儿。善觉长者用白色香象把临产的女儿
迎回到他当年给夫人蓝毗尼建的美丽的花园——蓝毗尼园，在这里颐养。
到了四月初八这天，摩耶夫人来到园中，在一株巨大的无忧树下，手扶树
枝而产太子。

　　传说太子从摩耶夫人的右胁而生，因而无疼痛，无污秽。据《佛本生

集》说:"菩萨生已,无人扶持,即行四方,面各七步。步步举足,出大莲华。行七步已,观视四方,目未曾瞬,口自出言:'天上天下,唯我独尊。我从今日,生分已尽。'"又说:"菩萨初生,于上空中,自出种种诸天音乐,种种歌声,雨种种花,种种诸香。日光虽曝,不能令萎。"又说:"菩萨生时,此大地具十八相,六种震动。一切众生,皆受快乐。当于彼时,无一众生而生欲心,无复嗔恚及以愚痴,无慢无怖,无一众生造恶业者。一切病者,皆悉得愈,饥者得食,渴者得饮。皆令饱满,无所乏少。惛醉众生,皆得醒寤。狂者得正,盲者得视,聋者得闻。不完具者,皆得具足。贫者得财,牢狱系闭,皆得解脱。地狱众生,皆得休息。畜生众生,除诸恐怖。饿鬼众生,皆得充足。"这段文字太美,境界太好,实在割舍不下,才引用了这么多。

不要说这只是传说,对于娑婆世界的众生来说,佛陀降生这件事太大了,他使众生从此有了从生死死结中解脱出来的希望,因此出现任何的神妙现象都不足为奇。

这一年,正值中国的周昭王二十四年,岁在甲寅。四月初八这天,周昭王也看到了五色祥光,据《周书异记》载,这天"江河泉池忽然泛涨,井水溢出,宫殿人舍山川大地咸悉震动,其夜五色光气入贯太微遍于四方,尽作青红色"。周昭王问大史苏由是何祥瑞。苏由答道:"有圣人生在西方。"昭王又问,于我们有什么影响?苏由说,现在没有什么,"千年后声教被及此土"。昭王即让把这句话镌刻在石头上,埋在南郊天祠前。

太子生下之后，诸位眷属喜出望外，同时到处找水，以便给太子洗浴。各处找遍，也没找到。忽然在摩耶夫人面前，从地下涌出两眼泉，一冷一暖，渐渐流成两个池。摩耶夫人以此池水洗太子身。这时又从虚空注下两股水，亦是一冷一暖，来给太子洗浴。

在中国各个寺院，每年四月初八有浴佛节，其来历就在此。

出城向西，背后是一轮红日。太阳把师父们的身影铺到前面，而轻风却把师父们的僧服衣襟摆向后面。进了蓝毗尼园，一眼就看到远处那遮天蔽日的大树，树枝上挂满彩带，那是无忧树么？其实，在蓝毗尼园，那株无忧树早已经没了，代之而起的是菩提树。且菩提树不只一株，而是数株，都非常高大。在近处，一座白色的建筑，那是后人建的摩耶夫人祠。我们先到的夫人祠，巨大的屋顶下是残败的红砖遗址，这应该是19世纪西方人考古挖掘时的现场，有几分像西安的兵马俑坑，只是少兵马而已。深坑外围有护栏，从北门进，我们沿着护栏右绕，绕到正南，顺着窄窄的木板桥北折，来到一面高大古墙前，这面墙被朝圣的人贴满了金箔。在高墙下面，桥的尽头，朝下看去，有一个玻璃盒子，里面保护着的是一方子官形的石头，上面留有悉达多太子出生时的脚印。在此之前，西方人还以为佛陀只是一个传说，直到发现了佛陀的足迹，发现了好多好多实实在在的遗物，他们才明白佛陀是人类历史上多么真切的一个奇迹。

这是一双不很清晰的与常人孩子无异的脚印，没有见到传说中的千幅轮相，但正是这双脚印，给众生带来了无尽的福祉。

看到此脚印，自然又会想到太子站在莲花之上，一手指天，一手指地，说出来那句如今我们耳目能详的话："天上天下，唯我独尊。"这个我，是大我，是无我之我，无缘大慈，同体大悲，心也即是宇宙。这句话是担当宇宙的宣言，其胸襟何等雄阔！佛陀出世，是娑婆世界的大福报，自然祥光普照。

在蓝毗尼园，当年的莲花不见了，但是在摩耶夫人祠的周围，后人砌起了7个红色的圆形砖垛，象征着开放的莲花。我围绕着它们，走了一圈，看到每个莲花垛上，都有游客供养的鲜花。

祠的西面，竖有7米高的阿育王石柱。石柱已经开裂，用三道铁箍箍住，上面的马头也已不见。柱上刻有铭文："天佑慈祥王于登位二十年亲自来此朝拜，此处乃释迦牟尼佛诞生之地。兹在此造马像、立石柱以纪念世尊在此诞生。并特谕蓝毗尼村免除赋税，仅缴收入的八分之一。"

慈祥王即是阿育王。在佛陀各处的遗址，几乎都竖有阿育王石柱。印度历史上这位笃信佛教的帝王，为缅怀佛陀，曾在全印度建有八万四千座塔，同时竖了好多石柱，以铭记佛迹。

祠南面有一长方形水池，这便是释迦太子降生后洗浴时的水池么？世事无常，纵然是也不是了。如今我们绕池而行，水面下映着倒影。法师们步态安详，神情肃穆，一步一步是不是有莲花开呢？

水池南面，有一株巨大的菩提树，一位也许是印度也许是斯里兰卡的法师端坐在菩提树下，手上结着法印。他的橘红色袈裟有如盛开的莲花。有人供养他，他便回敬哈达或者珠串，并以手摩顶。

在树与树之间，一道道的绳索上，挂满了彩带，在阳光照耀下，各种光影映照在草地上，使之有几分迷离几分神秘。崇康师在这里结跏趺坐，神态端严；崇群师也来坐了，依然是神态端严。我也坐了，但我近来腿疼，只能散盘，坐得实在不成样子。在两位法师面前，真的很惭愧。

其实真正惭愧的还不仅在坐姿上，更在修为上。出家人难舍能舍，割抛世间贪爱，毅然决然，来担当如来家业，从此勤修戒定慧，涤除贪嗔痴，决心将字面上的佛法变成现实的境界，从而证实佛言不虚，从而引领更多的人获得心地光明。因此他们是先行者，为众生得大利益而自戒自律、奋然前行。因此他们不仅是人们的精神导师，更是践行佛法的楷模。这也便是人们敬重他们的根本原因。

每每看到师父们端然而坐，我就想到他们身子下面该有的那朵莲花，或青或红或赤或白，无不洁净、清雅、高贵。这莲花座只开在极乐世界么？在车上，大家谈感想时，寂行师说，每诵《阿弥陀经》，当诵到"七菩提分八正道分……"自己便感到这脚下便是净土。极乐世界离我们不远，只需一念心行，心净则佛土净。他这样说时，脸上的笑灿若莲花。哦，是了，只要一念心开，离境去染，莲花便开了。莲花开处，便是无尘净土。

第三步　在涅槃处听佛呼吸

双树间的哀叹

阿难为佛陀在娑罗双树间敷设好了卧具，佛陀躺上去。这时虽不是开花的季节，但是树上鲜花盛开，空中充满了各种音乐和香气。看到佛陀身患重病，阿难伤心地哭起来，佛陀讲道："阿难！不要哭。凡缘生者，亦因缘灭，由五蕴组合的人，怎么会不消亡呢？"

拜谒过蓝毗尼园，回到悉达多城，早早地吃了午饭，驱车向拘尸那迦。在悉达多城，有一段时间堵车，大车小辆，更多的是像骆驼祥子拉的那样的三轮，密密挤在一起，车上坐着漂亮的少妇或者老人。头上顶着东西的人，领着孩子的人，男人女人，年轻的年老的，都在车的两边穿行，人人一副自在的样子。

过了海关，车又返回印度境内。印度和尼泊尔之间的海关，也真简单，只是在街中间横起两根杆子，就像我们的过火车道，栏杆一落，车就停住，栏杆一起，车就放行。海关也真是好过，我们也不用下车，只有导游和负责事务的两个人下车，把每个人的护照带上，不一会就办回来，栏杆一翘，车就过去了。

在路上，路过几处树林，这树林的面积真是大，横看不见边际，竖走，车须走好长时间。树也真是高，比我们的杨树还高许多，树下的落叶有半尺厚，但树上面葱郁依然。有群鸟在树的上空盘旋。曾下车在另一片这样的树林中小解，树下有开白花的一种植物，那白色花串极香，嗅一下，香好久。

这样多的树林，莫非拘尸那迦快到了么？据玄奘法师《大唐西域记》记载，拘尸那迦这一带曾有大森林，森林内"毛群羽族，巢居穴处"。有一天森林起火，鸟兽四散。唯有一山鸡，不但不逃，却以双翼汲取河水，"飞空奋洒"。天帝看见，说你真傻，火这么大，凭你的微躯滴水能救灭么？山鸡问："你是谁？"天帝说："我是天帝。"山鸡说："既是天帝，救灾拯难，易如反掌。你不来救难，反而笑我，居心何在？"说完，山鸡依旧运水不止。天帝遂以神力掬水，"泛洒其林"，不一会"火灭烟消，生类全命"。何等感人的故事，此雉鸟可是印度的精卫鸟？

果然，没过多久，车在路边停住，佛陀涅槃处到了。此时已经是"后日分"，太阳偏西了，但阳光依然清亮。就在野外，紧贴着公路东边，一道围墙圈起一个大园子。在门外，师父们紧着搭衣。不管天气多热，在每一处圣地，师父们从来威仪不失，并照顾到每一细处。

进了园门，才知园子很大很大，地下是一片片的遗址和一株株的树木。园子中间是一高台，高台上建有涅槃堂和涅槃塔。涅槃堂在西，涅槃塔在东，涅槃堂和涅槃塔紧紧挨在一起。塔为覆钵型，堂为横着的筒型，一高一低，一横一竖。此时，阳光把白色的涅槃堂和涅槃塔照耀得一片明净。据说涅槃塔耸立的地方便是当年双树的地方，佛就在双树间的绳床上示现涅槃。

据说当时执金刚神密迹力士见佛灭度，悲痛地叹道："如来舍我，入大涅槃。无皈依，无覆护，毒箭深入，愁火炽盛。"叹完之后，扔掉金刚杵，"咚"的一声倒在地上。好久才爬起来，复又叹道："生死大海，谁作舟楫？无明长夜，谁为灯炬？"

金刚密迹力士为谁伤心？为谁叹息？为了娑婆世界众生。众生愚痴，把这个色身当成了自己，为了满足这个身体，生起各种欲望。在欲望的诱惑下，无休止地造作。此因此果，彼因彼果，受因果链的牵引，这个生命才上天入地轮回不已。自作自受，受时更作，作了还受，没有穷尽。只有佛陀，悟出了生命本质，指明了众生的生命方向，从而众生知道了生命的内在价值，知道了该舍弃什么，该追求什么，该担当什么。在佛陀身后，凡是这样做的，都成就了。佛在世时，人天之间，多少觉悟了的众生，成为了阿罗汉，成为了菩萨。"一切贤圣皆以无为法而有差别"，可是，佛入灭了。虽说佛不生不灭，那是指的法身佛，但法身佛我们肉眼看不到，佛为了让我们看到才化身世间。化身佛一去，如日西沉，谁来照破无明，谁来教化顽昧？谁来给人说无为之法？佛在时，尚有无缘众生不能出离生死苦海，佛不在了，魔王当道，欲望炽盛，毒火燃烧，且会愈演愈烈，又哪里去寻求那一股心灵上的清凉？因此有金刚之叹。

进了园门不远，朝着涅槃堂走，在路右侧，也有两棵娑罗树，直径不过一尺。人们也把它们说成双树，但这已经是后人栽的了。在这个园子里，做一个象征。

佛陀自成道后，殷殷切切说法四十多年，到80岁这一年，他预知涅槃时近，于是离开灵鹫山，从王舍城出发，带领着他的弟子们，向着北方行走。

佛陀一路走来，说法行化，到了吠舍离国。这一年吠舍离闹饥荒，很难乞到食物。佛陀便让诸弟子去别处安居，只留下他与侍者阿难。佛陀在竹园安居时，突然大病了一场。病好之后，这天与阿难坐在树下。阿难对佛陀说："您病之后，我很着急。但我想，佛陀您不会不为弟子们留下最后的训诫就与世长辞。"佛陀回答说："阿难，难道你们盼望我的遗教？阿难，我所说法或显或隐，绝无分别。如来于法，绝无秘密，吝而不传。"

是的，佛陀说法，没有秘密，没有亲疏，他给弟子们说，也是给天下众生说。天不私覆，地不私载，佛陀没有个人私愿。

因此他叮嘱阿难："你们要作自己的明灯，皈依自己，不要寻求别的皈依；以真理为你们的明灯和皈依处，不要在别处寻求皈依。"

为什么佛教不是宗教？为什么佛教不是迷信？原因就在这里。佛教徒皈依的不是偶像，而是自己的心。之所以相信佛陀，之所以尊敬佛陀，是因为佛陀告诉了我们许多宇宙间的真理！

这天，佛陀与阿难来到遮婆罗塔，佛陀对阿难讲："阿难，离其妄念，正行不退，离邪思维，无法无我，这就叫四神足。修到四神足的人，尚能住于世间满于一增劫，或者满于一减劫。如来现在有大神力，岂可不能住于世间一增劫或一减劫？"佛陀此问，是为了娑婆众生着想，他到底要看一看众生与他还有没有缘分。

佛陀将此话说了三遍，阿难却默然无对。如果此时阿难请佛住世，佛陀也许就不入灭了。阿难为什么不开口？不是阿难不开口，是阿难心智被魔所惑，也是众生福薄所致。

也就在此后不久，佛陀请阿难把弟子们召来，告诉弟子们："诸因缘合和法皆有坏时，你们应当勇猛精进，勤修解脱！如来将于三个月后入灭。"

佛与阿难同行，继续向北，经过十多个村落，来到负弥城北，住在尸舍婆林。佛在这里为诸大弟子讲了《四大教法》，由此来审定什么是佛说。然后从负弥城来到波婆城。这里有位铁匠名叫纯陀，他听说佛陀与诸比丘来到了这里，便想着要供一次斋。

据《大般泥洹经》讲，佛陀这天正在为弟子们说法。佛陀告诸众生，如来就要灭度了，谁有疑难皆应来问，此为最后机会。此时纯陀长者也在会场，他听说佛陀将灭度，遂向佛陀表明心迹，想为佛陀和诸比丘做一次供养。经中这样叙述：时彼长者"举身血出，泪下如雨，绕百千匝合掌白佛：'唯愿世尊，与诸大众哀受我等最后供养，当令我及一切众生悉蒙解脱。譬如田家贫子，仲春之节，耕田下种，仰希天雨；今我如是身口意患

印度人的生活相

佛涅槃塔

听佛呼吸

佛陀涅槃于娑罗双树间的绳床上

绕荼毗塔

烦恼众垢，始蒙少习厌离之想，唯愿世尊，当惠法雨与诸大众，哀受我请，枯旱之田得蒙慈泽。'"

纯陀的心如大旱之望云霓，他愿意此供养能给自己带来无尽福泽。

佛陀答应了纯陀的请求。

第二天，纯陀为佛陀及比丘们特别准备了香饭、糕饼和各种菜，其中有一碗栴檀树耳做的汤，这种树耳世所珍奇，做出来的汤异常鲜美。但是没想到，这次的树耳有毒。佛陀一尝就知道了，他叫纯陀把这一汤全部给自己，不要再给别人吃。佛陀吃了一些之后，又叫纯陀把剩余的汤倒入地下，让土掩埋起来。

佛陀吃下汤之后，肚子开始疼痛。

纯陀得知这个情况，悔恨万端。佛陀安慰他说："当初我吃了牧羊女供养的一碗乳糜，成正等觉；如今吃了你供养的一碗羹汤，入般涅槃。你和牧羊女的功德是一样的。"佛陀还说偈道："布施者获福，慈心者无怨，为善者消恶，离欲者无恼，若行如此行，不久般涅槃。"

佛陀强忍着剧烈的腹痛，对阿难说，"阿难，我们到拘尸那迦去吧！"于是佛陀与众弟子起程前往拘尸那迦，在途中佛陀以疲惫病痛之身渡过了迦俱多河，几经休息之后，他们来到了拘尸那迦的一片树林中。佛陀对阿难说："给我在娑罗双树间敷设上床具吧，我有些累了，需要躺一下。"于是阿难为佛陀在娑罗双树间敷设好了卧具，佛陀躺上去。这时虽不是开花的季节，但是树上鲜花盛开，空中充满了各种音乐和香气。看到佛陀身患重病，阿难伤心地哭起来，佛陀讲道："阿难！不要哭。凡缘生者，亦因缘灭，由五蕴组合的人，怎么会不消亡呢？"

这时，须跋陀罗来到了树林中。须跋陀罗是位精通婆罗门教义的学者，如今已经八十多岁，闻佛陀在此，特来求教。阿难劝止他，说佛陀现在有病，需要休息，您还是不要打扰他吧。佛陀听到他们说话，就对阿难说，"不要阻止他，让他来吧。"须跋陀罗来到佛陀近前，佛陀为他说八正道，须跋陀罗当下心开。佛陀对着须跋陀罗喊一声："善来，比丘！"须跋陀罗听后须发尽落，现比丘相，证阿罗汉。

须跋陀罗为佛在世时最后一个证得阿罗汉果位的人。

佛陀躺在双树间的绳床上，对阿难说："我成佛以来，以大智炬，烧邪见幢，你都见了，连须跋陀罗都成就了阿罗汉果。阿难，你，及诸多的释门种子，很是让我忧念。我涅槃后，你当精勤，要善于教诫他们，授与妙法，莫可放逸。因为一失人身，难可追复。毕此一生，常须警惕审察。身业清净，常生妙土；口业清净，离诸过恶。莫食肉，莫饮酒，调伏心蛇，令入道果。深思行业，善恶之报，如影随形，三世因果，循环不失。此生空过，后悔无追。"

阿难听了佛陀的话，"身心战动，情识茫然。悲哽暗咽，深没忧海"，悲痛欲绝。尔时阿那律尊者对阿难说："你别只顾难过了，有什么话赶紧问佛陀吧。"阿难想也是，于是强压悲痛，询问阿那律尊者。阿那律尊者说："这四件事，你须问佛：一，佛涅槃后，如何对待恶性比丘？二，如来在世，以佛为师，如来灭后，以谁为师？三，若佛在世，依佛而住。如来既灭，依何而住？四，如来灭后，结集法藏。一切经初，当安何语？"阿难遂将此四问问佛陀。

这阿那律尊者，本是甘露饭王的次子，是佛陀的堂弟。他随佛出家，跟佛修行。一次佛说法，阿那律打起了瞌睡。佛陀批评他说："咄咄汝好睡，螺蛳蚌蛤类，一睡一千年，不闻佛名字。"阿那律听到佛陀的批评，跪下来忏悔："从今以后，尽形寿，不再睡眠。"就是说，到死之前，他不睡觉了。这样的决断之心！没过多久，阿那律因为不睡觉而患了眼疾。佛陀知道后，对他说："身以食为食，耳以声为食，鼻以香为食，舌以味为食，眼以睡眠为食。修行以不放逸为食，无为境界以禅悦为食。因此你不要做得太过，应该适当睡眠。"并请来医生为其治疗。但阿那律坚持不肯睡眠，他的眼睛到底瞎了。由于目盲，给生活带来了种种不便，佛陀还因此为阿那律亲手缝补过衣衫。后来佛陀教阿那律修习金刚照明三昧，阿那律很快获得天眼通。不论远近内外，肉眼看不到的，阿那律看得一清二楚。佛说弥陀净土，有人不相信，请阿那律以天眼来看，果然历历在目。因此在佛陀的十大弟子中，阿那律被尊为天眼第一。

阿那律为什么自己不问佛陀，而让阿难来问？因为阿难是佛陀的侍者。待阿难问过佛陀后，佛陀教诲说："一，对待恶性比丘，当采取默摈之法，谁也不要理他。二，观身性相同于虚空，名身念处。观受不在内外，不住中间，名受念处。观心但有名字，名字性离，名心念处。观法不得善法，不得不善法，名法念处。阿难，一切行者，应当依此四念处住。三，阿难，如来灭后，当以戒为师。依之修行，能得出世甚深定慧。四，阿难，如来灭后结集法藏，一切经初，当安'如是我闻'四字。"

殷切佛陀，慈悲佛陀，嘱咐完毕，再次说道："对于佛法，谁还有什么疑问，可以随便发问。免得以后自己责备说，佛陀曾和我们面对面，我们竟没有问。"如是三问，大家还是默不作声。此时佛陀说偈道："诸行无常，是生灭法。生灭灭已，寂灭为乐。"

佛陀的意思是说，世间事物，都在生灭法中，没有什么是永恒的。只有超越了这个生灭法，才能得到永恒的自在，永恒的快乐。

涅槃时至，佛陀于娑罗双树间的绳床上，头北脚南，面西背东，右胁而卧，安然入化。

在涅槃处听佛呼吸

佛陀来了，又去了。但他说，他没来，亦没去。他的来去，只是为了方便我们。

　　涅槃堂的门面西而开，我们来到台下，脚步轻轻，拾级而上。将鞋脱在堂外，赤足轻移，静静地进到堂内。涅槃堂内的空间并不很大，大概只有60平方米左右，迎着堂门，一下子便看到了佛陀的丈六金身。

　　这丈六金身，在我眼中无限放大，似乎无量无边。据说当年无边身菩萨曾用竹杖量佛陀顶，看到底有多高。那是丈六了又丈六，一直量到梵天，不见世尊顶。乃掷下竹杖，合掌说偈："虚空无有边，佛功德亦然。若有能量者，穷劫不可尽。"

　　佛陀披着大红袈裟，依然像当初涅槃时那样，头北脚南，面西背东，右胁而卧，仍旧是赤着双足。佛陀双目微闭，神态安然，似乎刚刚睡下，仔细听来，似有轻盈的呼吸。他累了么？娑婆世界的众生罪业深重，刚强难化，而佛法深奥精微，难与人道也。当初佛陀也为难。据说是在帝释天王的劝说之下，佛陀才答应住世说法的。佛陀为度众生，不辞劳倦，赤着双足，踩着泥巴，不避荆棘，不避豺虎，骄阳怒雨，浅沼深泥，从不在话下。他沿着恒河两岸走了那么远那么远的路，如今我们坐汽车，往往从早坐到晚，才从佛说法的一个地方走到说法的另一个地方。

佛陀一生说法，连涅槃也是在说法。他告诉我们，人人在生灭法中生灭，事事在生灭法中生灭。没有什么事物不在生灭法中，连佛的化身也是，连佛法也是，唯有众生本有的佛性不生不灭，不增不减。

无法想象佛陀入灭后的情景，众弟子围在他身边，是怎样的悲痛。我只记得我的老父亲临咽气时，儿女们围在身边的情景。我们感激老父亲一生对家庭的支撑和对儿女们的抚养、庇护，又对老父亲的撒手而去悲痛万分。都知道有这一天，但这一天还是令人难以接受。我想，佛陀涅槃时也当与此仿佛，只不过佛陀心若虚空，囊天裹地，救度万类，慈悲无量，凡夫难可比拟。唯如此，当更让人心恸。

果然如此，据《大涅槃经》讲，此时万类衔痛，天人同悲，"苦哉苦哉，佛已涅槃。世界空虚，群生眼灭"！特别是阿难，闻说佛陀涅槃，"闷绝躄地犹如死人，寂无气息冥冥不晓"，已经昏死过去。是阿那律尊者，"以清冷水洒阿难面"，使其复苏，把他扶起来，用尽好语百般劝慰。"苦哉苦哉，奈何奈何！"阿难，我等跟你一样悲痛，但是实在是没有办法，"一切人天无能留者"，况你况我！

拘尸城内的男女老少，无不悲哀流泪，他们准备了无数的香花幡盖，来到双树间悲哀供养。

卧佛身边有十几个人守护，见我们进来，他们退到墙根。我们屏住呼吸，注目佛身佛面，目不暂瞬。这样绕到卧佛身后，席地而坐，维那师操起法器，磬声清泠，众人聚神敛意，诵《大涅槃经·金刚身品》："如来之身非身，是身不生不灭不习不修，无量无边无有足迹……"声音由缓到促，节奏由慢到快，渐渐入到忘人忘我之境。经声中的佛陀，依然安详如初，似乎他一转身，我们便会看到他的微笑。他果真是在微笑，不仅在涅槃堂，不仅在各大寺院，有像处是他，无像处也是他，没有一处不是他。我们活在他的微笑里，他也活在我们的微笑里。他就是教我们微笑，让我们化烦恼为菩提，让我们出污泥而不染，让我们以微笑化解一切苦难。花开见佛，花也便是佛，心花开时更是。心花怎么开？心花亦在阳光下开，因此佛让我们打开心量，佛让我们摒除私念，佛让我们弃恶扬善，佛让我们少欲知足。心量大，则阳光足；阳光足，则私欲少；私欲少，则恶业浅；恶业浅，则烦恼淡；烦恼淡，则快乐多；快乐多，则人事成矣；快乐多到极致，烦恼尽除，则佛事成矣。修行就有这样的好，修行也就是如此的简单、明了而深刻，把自我淡化了再淡化，把余习消除了再消除，慢慢地，使心灵净化，净化到一尘不染，一尘不染处大朵大朵的全是阳光。

佛陀来了，又去了。但他说，他没来，亦没去。他的来去，只是为了方便我们。不然我们不能理解，不能感知。他为了救拔我们，而不惜脚踩泥巴。佛陀为了我们，化身于娑婆苦海，以生死的方式告诉我们不生死的方法，告诉我们生命的大秘密，告诉我们生命的大光明。千生昏暗破于一灯，万劫愚顽开于一智，由此娑婆世界昏蒙众生有了得救的希望，这便是佛陀的意义，这便是佛法的功德。

佛陀恩大难酬，我们在诵毕《金刚身品》，接着唱《佛宝赞》："佛宝赞无穷，功成无量劫中。**巍巍丈六紫金容，觉道雪山峰。眉际玉毫光灿烂，照开六道昏蒙**……"

在我们诵读《大涅槃经》时，韩国的朝圣团来了，他们领队的法师手摇铃铎，琅琅作响，他们的颂赞之声昂扬激烈，与我们诵读互为呼应。彼此国度不同，语言各异，但向着佛陀的心是一样的。

唱诵完毕，在明仰师的带领下，我们依次沿佛右绕，在南面，向佛陀顶礼，以头面轻抵佛足，然后依依不舍走出涅槃堂。

我们来了，走了。佛陀没来亦没走，是别人把一尊石头的雕像安置在这里，做佛陀的象征。但我却分明感知到了佛陀的呼吸，众生在他的呼吸里心得安然。

据明影师后来讲，能在佛涅槃处诵《大涅槃经》是极其殊胜的因缘，也许为几百年来所仅有。为什么呢？因为南传小乘的信徒们不读，更不会注意此经。而在印度，佛教已经衰微。我们来了，我们诵了，守着佛陀，非常亲切。这样一品经，提前没有预习，这么多人一起读，还曾担心读不好，可是，出乎意料，我们读诵得非常好，又整齐又响亮。这应该是佛陀的加持。

虚假的夕阳

夕阳已没，佛陀已逝，天地暗了下来。
突然一想，这不过是一个假相，太阳其实永远在天上，而佛陀也永远
在世间。

夕日西偏，众鸟归林。五分钟的路程，来到佛陀的荼毗处。这同样是一个大园子，有着宽阔草地和好看的树木。中间是一座砖砌的覆钵型的塔，巨大而不规则，正因为不规则而显生机，似乎它是个俯卧着的巨大的生命体，久远的日月在塔上弄出沧桑颜色。

据经典记载，佛陀涅槃后，按照印度的风俗将遗体入殓、火化。拘尸那迦的末罗族的人先以新布包裹如来的遗体，继以新净棉，再以新细布，如是一层布、一层棉，至各有500层为止，然后将其安放在有油的金棺内。随后派十几个壮汉"共擎佛棺"，却无论如何举不起来。

这时神奇发生，只见金棺自娑罗林间自行飞升，高过树顶，"其树即时惨然变白犹如白鹤，枝叶花果皮干悉皆爆裂堕落，渐渐枯悴摧折无余"。

"尔时如来七宝金棺，徐徐乘空从拘尸城东门而出，乘空右绕入城南门，渐渐空行从北门出，乘空左绕还从拘尸西门而入。如是辗转绕三匝已，乘空徐徐还入西门。乘空而行从东门出，空行左绕入城北门。渐渐空行从南门出，乘空右绕还入西门。如是辗转绕经四匝。如是左右绕拘尸城经于七匝。"这样的情景把人都看得呆了。

如此奇妙现象，我们也许不能理解，不过这说明佛陀涅槃后佛棺先在拘尸城内供养，然后才来到荼毗所。在荼毗处，人们早已把各种香木集到这里，搭成一个高高的木架，然后将棺材放在上面，并在这里放置七天，接受人天的哀吊。

七日满后，"将欲举火，荼毗如来"，但是无论多么炽旺的火烛光焰，却点燃不着。点一次，灭一次，大家都非常诧异。

佛陀的弟子大迦叶以及他的五百弟子还在灵鹫山，这天在禅定中，大迦叶等"倏尔心惊"，从禅定出来，见山河大地都在震动，即知如来已入涅槃。于是大迦叶等一路急行，走了七天七夜，来到佛陀遗体火化处。

临终，没能见上佛陀一面，大迦叶悲痛欲绝，几次昏倒。醒来之后，他衔悲忍泪，围着佛棺绕行不已。这时佛陀突然将双足伸到棺外，让大迦叶看。佛陀双足上的千幅轮相，依然那么清晰，只是有着些微污痕。大迦叶问阿难，这是何故？阿难说："佛初涅槃，人天悲恸，众泪迸染，致斯异色。"

大迦叶绕佛唱赞，香木不点自燃。七日七夜，香木燃尽。

火化后，获取八斛四斗佛陀的舍利。经众人商议，将此舍利分成八份，分别由八个国家奉请回国，接受供养。

我们望着高大有如古窑的荼毗塔，夕阳把最后的余晖洒在上面，呈橘红色。想当初，很多很多的香木堆积得大概也如这塔一样高，上面的佛棺也定在太阳下散发光辉。想想这已经是两千多年前的事，而我们却被抛在这样厚重的时光之后。晚了，真的晚了。虽说晚了，却也毕竟来了。

我们来到塔的东面，诵唱《心经》和《佛宝赞》，之后绕塔三匝。阳光淡下去，一队大概是斯里兰卡的朝圣人群，把蜡烛放在塔上点亮，然后坐在南面的草地上唱诵佛经。

在绕塔时，王文鹏却离开队伍，独自跪在西北方一棵树下，向着荼毗塔，手捧佛经朗声读诵。在黯淡的光线下，跪在树下的他，有几分像雕像。

夕阳已没，佛陀已逝，天地暗了下来。

突然一想，这不过是一个假相，太阳其实永远在天上，而佛陀也永远在世间。

第四步　泡在故事里的吠舍离

散落一路的花瓣

禅没在别处，在别处的也不是禅。禅就在当下，就在生活中，就在自己内心。

韩国人的宾馆就开在佛陀荼毗处不远处，院子呈回字形，中间是花园，格局开阔。这一夜我们就住在这里。早晨早早起来用餐，听到大厅里法器伴着经声，原来是湖北来的一个朝圣团正在上早课。

这天的计划是到王舍城，大概10个小时的车程，是这几天坐车时间最长的。上车时还带了盒饭，准备在半路上吃。

为了不虚度时间，上车之后整肃精神，法器声中，大家念诵《普贤菩萨行愿品》偈颂部分。然后诸位谈这几天的观感，分享心得。

张玉欣拿起话筒之后，泪就流了下来。来到印度之后，她感受到了这片土地的祥和和沉静，自己心灵上的灰尘得到了洗涤。因此她要感激每一个人，她说，缺少了哪一个人，也不是这个团队，每个人都值得感激。她说，我们在吃饭时，却看不到阿曼。我们吃完饭后，却看到阿曼在啃面包。而两位司机师傅，却从未到饭厅吃过饭，而夜里就住在车上。不管走多远的路，从来没有抱怨，从来都是面带微笑，这真的让人感动。她边说边流泪，隔着过道坐在我右边的赵惠梅也跟着流泪，把纸巾都擦湿了。

王文鹏则说，看到湖北朝圣团早晨上早课，就觉得人家很精进。他说若想进入禅境，没有大愿不行，没有大行不行，须时时刻刻提醒自己，一定要愿行合一，精进不止。然后他说到昨天在荼毗塔前读经的事。他说，他读的是《遗教经》。之所以在此读《遗教经》，不仅有着特别意义，而且是想谨记佛陀的临终教诲，以佛陀为榜样，战胜一切魔境，渐渐成就自己。他还谈到，修行这事很简单，只要心中有别人就好了。他说得也真对，心中时时想着别人，也便是菩萨情怀。

这个从吉林来的年轻人，几天来，时时处处，谨言慎行，恪尽职守。他是二组的组长。他是公务员，定然当过不少的这个长，那个长，但唯独这个组长，我想会使他感到特别有意义。

乔万英这个看似有几分拙笨的人，其内心却极灵秀。油彩到了他手上，就成了画；话语到了他心里，就成了诗；曲调到了他嘴里就成了歌。我曾在他的博客上看到他写的诗《带着爷爷回家》，让人叫绝：小时候/埋爷爷的那天/我没有哭/坟上挽了把野花/我把爷爷带回了家/带着爷爷/来到树底下/摘下树叶/我给爷爷编乌鸦……带着爷爷/拿着野花/咱回家/跟在爸爸的影子里/爷爷还会走路/爷爷还会说话/爸爸不知道/咱也不告诉他。能写出这样的诗来的人才是真诗人。这次来印度，我想他定然也会把佛陀带回家。

果然他说话了，浓重的山西口音使他的话语更有味道。他说，来到印度，就心生欢喜，街上那些人，一个个都像罗汉，在他们身上都有佛的影子。甚至每一棵树，每一片草地，都能见到佛。到了每一处遗址，都感到从来没有过的宁静，烦恼找不见了，特别放松，特别亲切，没有距离。觉得这个地方我肯定来过，说不定佛在讲经的时候我就在附近，不过我那时可能是只小蚂蚁。

许建信本是中医大夫，此次出行自然他便成了随行医生，他带来了一些常用药，以备时需。也果然有大用处，有肚子不适的，有水土不服的，有伤热伤风的，因为有他而及时得到了调理。他见大家谈感受，诗兴忽来，当众念诵了好几首诗。其中一首这样说：

> 水牯牛头把得牢，
>
> 端坐牛背乐逍遥。
>
> 本地风光尽享用，
>
> 不犯他人禾稼苗。

这老许在用典，当年马祖的弟子石巩正在厨房里洗菜，马祖进来问："干什么呢？"

石巩答道："放牛呢。"

马祖问："怎么个放法？"

石巩答："一回入草去，蓦鼻拽将回！"

印度白牛

阿难塔。阿难为佛陀的侍者，常随佛陀的身边

吠舍离。抚养佛陀长大的姨母大爱道在阿难的帮助下，
在这里成为第一个比丘尼

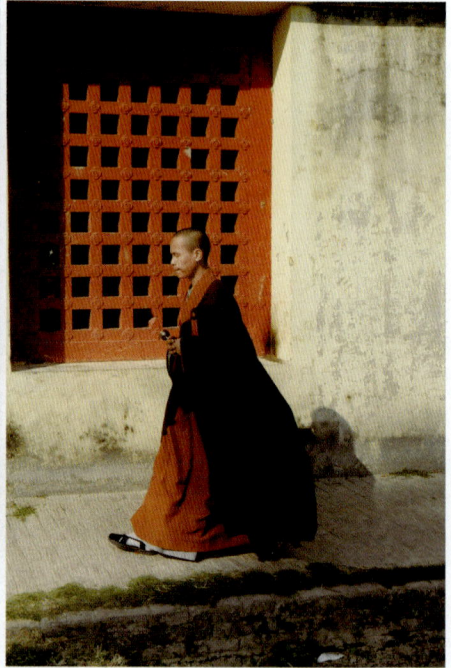

修行者

马祖说:"你真是个会放牛的!"

师徒二人,哪里是在说牛的事,都是在说修行。一旦杂念起,立即收回。石巩也真观照得好,难怪他成大禅师。

许大夫以此叮嘱自己,也是在提示大家,时时处处照顾好自己的念头,不可放逸。

虽说是不可放逸,但在几个人分享过之后,话筒闲了下来,而路途还是长的。在此空闲时,一些人私下说起话来,这样那样,高声低声,似乎有了一些纷乱。其实这也不算什么,长途车上,若是不说话,那定然是在睡觉。

在此时,倪从钧却有着警觉。这个一直在为大家忙活,却很少说话的他,不失时机地提起净慧老和尚。这让大家精神为之一振。在这个车上,提起净慧老和尚,自然再契合不过。老和尚是生活禅的倡导者,是他中兴起赵州柏林禅寺,使之梵音再起,古刹重光。他在柏林禅寺当住持多年,在信众中,有着非常高的威望。这一车人,应该说都是老和尚的法子法孙。

老和尚叮嘱人们,不要把禅与生活脱节,要在生活中修行,在修行中生活。要时时觉照自心,把握当下,在在处处,莫失一念。

从钧说,平时,要把老和尚的生活禅理念,贯穿于生活中。此次朝圣,更应该提起生活禅理念,莫失莫忘。他提议,大家静默三分钟,将妄心歇下。

这是一个非常好的建议，契时契机。

于是明影师让大家静默三分钟。

如明矾投于浊水，人们的心慢慢沉淀下来，浮渣落处，便是清净，人们刚要泛起的浮心得到净化。

这小倪，本籍胶东半岛，皆因当兵来到石门，没想到在这里闻到佛法，于是生大欢喜心，转业时即在此扎根。这些年来，不断努力，既舍得下身子，也舍得下财。他一方面归敛自己，一方面放大自己，放大了该放大的，归敛了该归敛的，放大和归敛都是在效法菩萨。

这次印度朝圣之旅，他也是发起人之一，并一直在背后默默奉献。

明影师说话了，每次他说话，定然是该说的时候，定然是有什么要提醒或者有什么要嘱咐的时候。他的话也总是令我们受用，因此他一开口，众人的心便提了起来。

他说到佛法，说到佛说法。佛法传到中国是佛陀涅槃后500多年，因为佛法与中国人的思维一下子不能契合。佛陀说法，是对着古印度人说的，不是对着中国人说的。佛法如何在中国转换，尤其是如何转换成纯粹的佛法，这是一个大问题，读不懂。以文解义，三世佛冤。终于有大师出现，鸠摩罗什大师、僧肇大师等，他们读懂了。只有读懂了，才能翻译。此时中国才有佛法，但恐怕也是理论上的佛法。理论的佛法后面是印度文化，只有透过印度文化、超越印度文化才能真正体认到纯粹的佛的智慧。还有后来的玄奘大师，到印度来，也是来寻找佛法妙谛。

佛法是心法，它是超越文化层面之上的。达摩东渡，与梁武帝话不投机，应该也是因为文化上的原因。达摩大师一苇渡江，显的是神通。但中国儒家不言怪力乱神，神通在这里不起作用。佛法不是理论，佛法是药，专治心病，当理论去研究就错了。因此达摩传禅过来，只在很少的人中有影响。只有到了武则天时期，五祖弘忍大师的东山法门，才震动朝野。六祖惠能大师，当初到了五祖弘忍门下，听了半部《金刚经》而大彻大悟，一下子得了佛心。为什么是他，而不是别人？因为他正巧是一个樵夫，没有读过四书五经，没有受太大的儒教影响，也没受佛教修学体系的影响，他那里一尘不染，无形中与佛法相应，因此妙心直达。

因此佛虽示现在印度出生，佛经在印度说，但佛陀和佛法并不局限于印度。佛陀和佛法超越国界，超越文化。佛陀的出现，是人类历史上一个极其特殊的现象。佛法亦是。佛法非常奇妙，却又很不清晰。只可意会，不可言传。一切的语言既是传达佛法的工具，又是佛法的一个障碍。佛陀之所以传禅法，就是因为要超越语言。"以心传心，不立文字"。只有这样才能得到佛之妙法。禅法之所以在中国兴盛起来，因为儒家思维便是超越逻辑的，是直达本源的。佛法妙就妙在它致广大，尽精微，超越了一切的逻辑和语言，因而不清晰，大象无形，妙处难与君说……

明影师娓娓道来，众人听得入耳入心。

禅没在别处，在别处的也不是禅。禅就在当下，就在生活中，就在自己内心。

冯路钧说，律师当久了出问题了，我还以为逻辑是优点。我该找回原来的自己、本我的自己。

大家笑了，不是笑冯路钧，而是借冯路钧而笑自己。冯路钧率真，一下子把自己说出来，好多人知道自己，却羞于说。一旦被人说破，便看到自己的纸灯笼模样，所以笑。

说不尽的阿难

中国佛寺里的塑像，佛陀端身而坐，侍立在一边的年轻比丘即是阿难。这位亲自给佛陀敷设最后床具的弟子，本是佛陀最小的堂弟，出生于佛陀成道的那一天，因此取名阿难，阿难是庆喜的意思。

大巴车突然拐到一个村子旁边停下，我们穿过村子，到一个地方去。村子看了不少，但一直没有近距离接触。阳光把村子铺满，各种的树，各种的屋舍都被泡在阳光里。油菜熟了，有女人在路边正往大簸箩里摔打菜子。突然就有好多的孩子从各处冒出来，跟着我们。有一位老农赶着牛车，正在拉土。两头白牛并排，肩上横着一根笨拙的木杠。牛见过不少，但白牛却是第一次见。也大概只有印度才有白牛。白牛白象因洁净而神圣，因而印度人喜欢，常拿它们做象征。人也一样，印度的体面男人，常常穿一身靠白，在黑黑的肤色比衬之下，更显洁净和高雅。那老农赶着牛车走过，到一个空阔地方卸车，我看他好久。因为他让我联想起我的父亲。

村子很随意地散开在道路两边，房舍也不紧密，那些树正好在空隙里。树也随便长，草也随便长，鸟兽可以随便走动，人也可以随处大小便。万类自由，没一点束缚。

在村子的东头，正好对着一个大栅栏门。有管理人员在那里负责，但也不要门票。这又是一个极大极大的园子，远远就看见了高大的红色砖塔和高高的石柱。另外还有一株大树，大到出奇，像半壁江山似地矗立在远处。

原来阿难在这里，那塔里便藏有他的舍利，那石柱也是阿育王为纪念他而竖。

中国佛寺里的塑像，佛陀端身而坐，侍立在一边的年轻比丘即是阿难。

阿难陀尊者，这位亲自给佛陀敷设最后床具的弟子，本是佛陀最小的堂弟，出生于佛陀成道的那一天，因此取名阿难，阿难是庆喜的意思。他年龄很小的时候，就随佛陀出了家。19岁那年成为佛陀的侍者，常随佛陀身边。

在众弟子中，阿难的相貌最端严，而且脾气也最好，因此年轻女子见到他之后难免会动心。城里有一名摩登伽女，对阿难思慕已久。有一次阿难进城托钵，遇到摩登伽女，摩登伽女百般挑逗，阿难差点把持不住。佛陀忙遣文殊菩萨将阿难连同摩登伽女一并带到佛陀身边。《楞严经》就是阿难回来之后，佛陀对他讲的。告诉他模样是靠不住的，"一切众生，从无始来，生死相续，皆由不知常住真心，性净明体"。然后一点一点启发阿难，让他明了自己的真心所在，让他认识到外在物象的虚幻，然后诸大菩萨分别开演具体的修行方法及次第。不读《楞严经》，不知佛陀之慈悲；不读《楞严经》，不知佛法之美妙。世人有言：自从一睹《楞严经》后，不看人间糟粕书。别说经义，单说《楞严经》的文字，就美妙无穷。这样奇妙的一部经典，就因阿难而有。

在众弟子中，阿难的记忆力最好，人称多闻第一。记忆力好，又常在佛陀身边，因此好多佛经都是靠了他才记录整理下来的。

说起结集佛经，阿难还有一段公案。佛陀入灭之后，在王舍城的七叶窟第一次结集佛经，集中了499名大阿罗汉，大迦叶被推为首席。阿难也来了，阿难当然要来，阿难随侍佛陀多年，所有开示无不熟记于心，阿难不来而结集佛经简直是不可思议的事。可是，阿难却被拒之门外，为什么呢？大迦叶说："你虽多闻第一，但爱染未断，余习未净，必须离开。"阿难没有办法，因为没有证得阿罗汉果。没有证得阿罗汉果，就见不到佛法的真境界，见不到佛法的真境界，是不能透彻地理解佛法的，因此不让他参加佛经结集。

大迦叶跟他说，如果你想参加也可以，门是关着的，但是有锁孔，你若想进来，就从锁孔里进来。大迦叶这是在激他，让他尽快证果。阿难一急，很快进入深深禅定，当夜证得阿罗汉果。第二天一早，推门而入。这时的阿难，完全可以从锁孔里进来，因为证得事物的空性之后，大小已经没有分别。佛经里老说芥子纳须弥，这不是形容，而是无大无小之再现。

但阿难决不从锁孔里进来，这也好比打拳，不会时总想着比试比试，真到会了，反而会坦然一笑。阿难一进来，一看气度，大家都知道他证果了。五百罗汉的故事应该也从这里开始。

而阿难入灭的故事更加让人慨叹。

佛陀入灭后，大迦叶领法为僧团领袖。20年后，大迦叶将法传给阿难，然后到鸡足山入灭。阿难担起领导僧团的重任，此时的他66岁。佛教在阿难的引领下，和合一味，祥和而安稳。但是，到了阿难120岁这年，一天在路上见到一个年轻比丘正在背诵经文偈语：

> 人生活百岁，
>
> 不见水潦鹤，
>
> 不如生一日，
>
> 而能得见之。

阿难拦住年轻比丘，对他说，你念错了，应该是这样的：

> 人生活百岁，
>
> 不解生灭法，
>
> 不如生一日，
>
> 而能了解之。

年轻比丘听了，回去问师父。师父告诉他："你不要听阿难的，他年纪大了，记错了。"年轻比丘把师父的话告诉给了阿难。阿难默然良久。他想，佛陀正法，真真切切，而后来之人竟是这样被凡心所迷，一叶障目，百叶障心，偏离正道，而不自知。虽然阿难想长久住世，利益众生。但众生垢重，看来久住无益。再者，佛陀的诸大弟子，都已入灭，阿难是硕果仅存，以独树而遮风雨，其景虽壮，其情也悲！阿难决定入灭。

摩揭陀国国王阿阇世曾与阿难有约，阿难入灭时一定要让阿阇世王见到。于是阿难来到王舍城阿阇世王的王宫，但是阿阇世王正在休息，仆人不敢打扰。阿难陀尊者留下口信，说将入涅槃，已去吠舍离。阿阇世王闻听消息，急火攻心，一下子昏死过去。醒来后他召集军队前去追赶阿难，一时来到恒河岸边。而吠舍离的人得知阿难欲来此地涅槃，早已集结重兵于恒河边迎接。恒河两岸，旌旗猎猎，战马萧萧，默然相望，都只为一个阿难陀尊者。此时阿难正在恒河中间的船上，见此情景，既惊愕又感动。两国人民这样深切对他，正是深切对佛，深切对佛法，他不愿因为自己的涅槃而使两国结怨，甚或起战争。于是他在度化了五百仙人之后，突然腾空而起，现大神变，在空中自行火化，并将舍利分为两半，一半南岸，一半北岸。两国军人见此情景，号啕大哭，各带一半舍利回国建塔供养。由于阿难此举，两国和睦修好，从此不再战争。

这便是阿难。

阳光强烈，有的人把帽子戴上，有的人把伞支起来，沿着栅栏外的小路南行，然后顺着南边的一面墙向着东走。大面积的古建筑遗址袒露在人们眼前，阳光在遗址间流淌。阿难的覆钵式圆塔和阿育王石柱在遗址的北端，有了这段距离，这里可以更好地瞻仰全貌。石柱在塔的东面，柱头上的狮子完好如初。狮子头向西北，向着塔，向着塔顶之上无尽的苍穹。西北的方向，应该是拘尸那迦的方向。在这里望过去，是不是能看得见佛陀的背影？

我们在遗址间穿行，来到阿难塔前，深深顶礼。

善女人

大爱道于佛陀来说，恩德重若山河，若无大爱道抚养呵护，则无日后的佛陀。佛说缘生缘灭，有阿难一缘，此事终于圆熟。

祭塔绕塔毕，众人散在遗址间。东面那株大树下，有一水池，池水清澈，那应该是猕猴献蜜之处。那是佛陀住在梨耆阁河边，佛陀和比丘们这天来到一个水泊边，在水边洗钵。有一只猕猴看到树中有一个没有蜂的大蜂窝，上面有许多熟蜜。猕猴便跑到水边来取佛陀的钵，众比丘拦着不让，佛说不要拦它，让它拿好了。猕猴拿着钵跑到树上弄了满钵蜂蜜，跑来献给佛陀。佛陀却不接受，说里头有虫。猕猴忙把蜜中的小虫拣去。佛陀说须水洗一下。猕猴不解佛意，突然看见钵边有溢出来的蜜，于是跑到水边洗钵。将钵洗净然后再献给佛陀，佛陀把钵拿过来。见佛陀把蜂蜜接了，猕猴高兴得手舞足蹈，一下子跌落水池，顿时毙命。

淹死之后，即生人道中。这个人后来出家做了比丘。佛陀与阿难说因果时曾说到此事。

在印度，猕猴随时可见。那天在祇园，见到好多只猕猴与人共处。

如今的水池，静谧无波。佛陀不见，比丘不见，猕猴也不见。唯有那株大树，像一位老者依然在守护着这个故事。

阿难塔的南面，众多遗址之间，有阿难说法的台，还有七百贤圣僧结集佛经之处。人们于此顶礼膜拜，愿法脉绵永。

结集之事，发生在佛陀入灭后的百年之后。这一年，有一位耶舍长老来到毗舍离城，他发现这里的比丘，有好多行为与戒律不相符合。比如，依据戒律，清净比丘不可受蓄金银，而这里的比丘却在每月的八日、十五日等几天，持着盛了水的钵，站在街头向路人募化，声称投钱入水者可获吉祥。投钱者获得吉祥，比丘们获得的是吉祥么？

耶舍长老上前制止，却遭到非议，他们驱逐耶舍长老离境。

耶舍长老心如火焚，因为这事关佛法。他急急奔走各地，联络诸上座长老。诸长老闻言，一致谴责毗舍离的比丘们，但毗舍离城的比丘们并不觉得错。错了，还不以为错，这事就大了。于是在商那和修与离婆多尊者的带领下，七百高僧聚集毗舍离，以定是非。一次很有规模的大会，由耶舍长老主持，双方各举四人为审辩，会中重诵戒律，对"比丘收取金钱"等十件事，逐一审辩。经双方代表审查，一致评断上述十事违反佛陀的规定，不合律制，称为"十事非法"，大会由此重新审定律藏。

这便是七叶窟首次佛典结集之后的第二次结集。

此次厘定，是非已判，佛法律仪得以张扬，二次结集的意义非常大。

但是，据南传《岛王统史》记载，毗舍离的比丘们对这次失败，心存不平。所以在大会结束后不久，聚集一万比丘另行结集，独自订定律制的内容。

佛教僧团因此分裂为严谨保守的西方上座部与开放宽松的东方大众部。

佛说，世事无常，有常的不是世事。

有此废墟为证。

正在废墟间流连，突然所有的女居士聚到一处，与明影师合影。明影师说，对于女居士来说，这是个很有意义的地方。若不是阿难，也许到现在也不会有女人出家。

佛陀在说法时，面对大众，总有这样一句"善男子善女人"，即所有的佛法都是对善男子和善女人而说。但是，在原来，佛陀之前，原没有女人出家，只有比丘僧而没有比丘尼。因为在古印度，男尊女卑，别说出家这样的大事，即便小事，女人也不得参与。即便是现在，听阿曼讲，印度女人唯一的任务是在家看孩子，一般不会到外面做事。须是非常体面的工作，比如银行或者政府部门等，还须赶上女人的丈夫开明，才允许参与其中。我们住的宾馆、饭店，以及机场、车站等公共场所出入，一律男人，从没见过女服务生。那时佛陀，也主张依从古制，女人不得出家。但是，佛陀时代，女人为什么能够出家了呢？这里多亏了阿难，若不是阿难，"善女人"也许最多做个在家居士。

这事因于佛陀的姨母。佛陀降生之后七天，生母便辞世生于忉利天。佛陀便由姨母摩诃波阇波提抚养长大，摩诃波阇波提汉译为"大爱道"。

佛陀成道六年后，曾回故国。大爱道自然非常高兴，她专门做了两袭袈裟供养佛陀，后来有人专门为此事建塔。自己抚养大的孩子彻悟成佛，这事太大也太不可思议。不唯大爱道，整个释迦家族肯定人人心动。也就是在这次回家省亲之后，佛陀的弟弟难陀、三个叔叔家的堂弟阿那律、阿难、跋提等七位王子，还有王宫里的理发师优波离，都先后随佛出家，连佛子罗睺罗也成为佛教史上第一位沙弥。大爱道自然心动，只是这事古来没有，因此踌躇。终于打定注意，这天大爱道来到佛所，对佛陀说了出家的愿望。佛陀说，只要清净自心，在家修行也是一样的。见佛陀如此说，大爱道也为难。但是，能来说此事，即已思虑成熟，决心下定，哪能遏止即住。她再三求请，依然愿得受佛法律，依止沙门。面对姨母真意，佛陀虽心生怜悯，但铁面依然，明确表示这事还是不可。也别怪佛陀心硬，因为女人出家，不但不合国情，且托钵露宿，确有种种不便。这不是佛陀不平等，而恰是平等，就如南山高而北山低。再者，佛教初起，易招风雨，为大局计，也不该多事。因此大爱道求请几次，佛陀拒绝几次。

求请的求请了，拒绝的拒绝了，这事应该说就过去了，但是谁也没想到，事情还有大动静。佛陀与弟子们持钵游化，这天来到吠舍离，没想到大爱道与佛陀在家时的夫人耶输陀罗，带领着500宫女，一路寻了过来。

已经不是大爱道一个人的事，大爱道也不是为自己一个人求请，释迦族的女人们也要像释迦族的男人们一样，争取生命的大飞扬。从迦毗罗卫国到吠舍离，多远的距离啊，如今我们坐大巴车，尚须一天的车程。而那时，一群很少出宫门的年龄不等的女人，赤着双脚，跋山涉水，穿风过雨，得奔波多少个日夜！肯定是衣衫褴褛，遍身泥汗，两脚水泡，疲惫不堪。一路之上，真不知历了多少险，遇到多少难。这自然的艰险姑且不论，世俗人的眼光和议论也许比这还可怕。一群女人，一群皇宫里的女人，一向典雅矜持，仪态万方，突然就剃去乌发，疯子般行进在荒野之中，这得需要多大的勇气！即便是她们自身，也须下大决心，经过几番脱胎换骨般的心灵蜕变，才可能有此惊天动地的勇猛之举。

大爱道肿着双脚，遍身泥汗，疲惫不堪地来到佛陀面前，见面还是那句话，请准许出家为尼。佛陀见状，深为慨叹，女人一旦发心，竟是如此坚定。但是，佛陀不会将佛法送人情，他依旧不答应。据经典上记载，此时大爱道"于外门披弊败之衣，踥跕而立，泪出如雨，面目颜色垢秽流离，衣服污尘身体疲劳，歔欷悲啼不能自胜"。她们都这样了，佛陀还那样，怎不让她伤心呢。

阿难即是在这时见到的大爱道。想阿难，此时的年龄肯定还不大，应该是小沙弥才对。阿难见大爱道如此情形，诧异非常，问伯母这是为何？大爱道泪水纷纷，对阿难细道来龙去脉。阿难听了，说："您别难过，待我去见佛。"

阿难见了佛陀，代为求请。佛说："阿难，你算了。若是能行，何必等你来说。佛法乃清净梵行之法，女人进来，会有麻烦。所以拒绝她们，实为佛法绵远想。"

阿难说："佛出生后，是伯母大爱道将您抚养，伯母有善乐之德，您还是准了她吧。"

阿难是有智慧的，一句话就说到肯綮之处。佛陀也不是想不到这层意思，他怕的是有人把话说破。的确，大爱道于佛陀来说，恩德重若山河，若无大爱道抚养呵护，则无日后的佛陀。佛说缘生缘灭，有阿难一缘，此事终于圆熟。佛陀沉思良久，说："若想成为比丘尼也不是不可以，我须定制八敬之法，女人出家须终身遵循，不可逾越。"

于是佛陀再见大爱道，给她细说八敬法。并嘱咐道："此非法非律，非导师之教。但是，大爱道，你应如是警觉，一切导致安隐而非兴奋，恭敬而非高傲，寡欲而非贪欲，乐于隐居而非群居，热情精进而非懒惰，满足而非抱怨。大爱道，你应如是牢记，此是法，此是律，此是导师之教。"

大爱道出家后，即说偈言："无上佛世尊，理当受尊敬，将我与众生，引导出苦海。苦谛已觉知，贪欲已止息。如实知灭谛，住于八正道。"

时过不久，大爱道证阿罗汉果。同她一齐受戒的释迦族女人们也先后证得阿罗汉果。

而在吠舍离这个地方，还有另外一个女人也成为比丘尼。这个女人的故事却也另有意味。

佛陀成道之后，**39**岁时第一次来到吠舍离，后来也多次到这里。也不知是在哪次，庵摩罗女听说佛陀来到吠舍离，就去见佛陀。佛陀为她说法。庵摩罗是一名妓女，妓女那时就有了，且也是被人瞧不起。但佛陀不然，因为佛说的法是平等法，一切众生平等。就如阳光，照牡丹也照蒺藜，因为在太阳这里，看到的是生命，而不是分别。再者，妓女为淫秽之人，职业独特，为世人所注意，但在佛这里，这恰恰是一味药。就如砒霜，有大毒，但在会用的人那里，却也有疗疾奇效。果然，后来发生的事情证实了这一点。

却说庵摩罗女闻到佛法，心生欢喜，当下信受。她恭请佛陀及众比丘第二天到她家中接受供养。佛陀答应了她。离车王族听说这件事非常震惊，供养佛陀乃庄严大事，却让一名妓女抢了先，对于王族来说，无异于奇耻大辱。于是他们来见佛陀，以种种理由劝止佛陀。佛陀只是笑，说我已经答应了，这事不好更改。他们又找到庵摩罗女，提出以十万金换取这次供养，庵摩罗女不为所动。第二天，佛陀及众弟子应请而来。佛陀为庵摩罗女开演清净之法。庵摩罗女得大愉悦，当下表示，愿将一片芒果园献给佛陀。这便是佛陀经常在此说法的芒果精舍的由来。

献过园子之后，庵摩罗女也将自己献出，出家做了比丘尼。

"善男子善女人，发阿耨多罗三藐三菩提心，于一切法应如是知，如是见，如是信解，不生法相。"这是《金刚经》上的话。

其实在佛陀那里，本没有男女相。但在世间，却又不能说没男女。那日上车，不经意间，一位女居士挨着一位法师坐了。明影师委婉却又坚决地说了，没有特殊情况，女居士是不能与男僧坐在一起的。此后，男女历历分明，僧俗亦有内外，依然是南山高而北山低。

曾有禅师上堂说法，开口便道："南山高，北山低，日出东方夜落西。白牛上树觅不得，乌鸡入水大家知。且道，觅得后又如何？"

谁能回答一句？

第五步　每个人的灵鹫山

王舍城的传说

王舍城的故事太多太多，这些故事意味深长。也证明了世间的因果甚深甚深，不可思议。

从阿难塔那里出来，汽车继续向着王舍城行进。到达王舍城时，天已经黑了。我们住进了一个日本人开的宾馆。我和老史住108室，里头铺的是榻榻米。

此次朝圣，管理事务者有方，团下分组，组里分人，谁跟谁住在一起都是配好了的。我跟史国铨结对，每到一地，自然我俩同居一室。他首先声明："我打呼噜。"我说："随便你打。"但几天下来，他的呼噜也不见多有水平。我是倒下便睡，即便是有呼噜他也只能是自我欣赏。我倒是不喜欢开空调，但他喜欢，每到一地，进屋第一件事：开空调。他开便由他开。这老史，我见他时本是寸头，头发很短，却处处留心理发的地方，说该剃了。终于在悉达多城把头剃了，头皮光光的颇有几分僧相。他还带来了海青，披上之后，俨然是多了一位师父，而少了一位史国铨。一次史欣悦找爸爸，找了几圈没找到，回头一看，原来在身边。僧相早就有了，净慧老和尚曾对他说："国铨，剃了吧。"老史却迟疑着，他当然想出家，但他同时还想做事。他事做得顺，一时收不住手。他说，也许真的该止住了，不但净慧老和尚劝他当止则止，在本焕老和尚那里讨得一件墨宝，打开一开，竟然是"知止"二字。"知止"，看来这"止"也是建立在"知"上的，若不知，即便止了，也不一定是。若是真的知了，却也能做到不止而止。

老史其实已在"止"中，这次能来朝圣即是证明。他时时处处其实都想着"止"。真正的"止"是止于当下，活泼泼的，独享新鲜，过去未来即当没有。老史跟我说，可是人们很傻，在当下却不安于当下，不是活在过去的经验里，就是活在未来的企求中。老史也真厉害，一下子把人说破。

老史是个会挣钱的人，老史的朋友中也有一些会挣钱的。但挣钱的人未必会花。会挣钱是本事，会花钱是智慧。有好多人不会花钱，往往失于奢侈或矫饰。奢侈或矫饰，是自己用钱给自己往地狱里砌台阶。于是老史，组织起一些有钱人，做心灵训导。每个人一分钱不带，到大街上去找饭吃。找不来就饿着，饿急了再去找。就到饭馆里，见人有吃剩下的，坐到那里去吃。这对于乞丐来说，并非难事，但对于体面惯了的有钱人，则是一场心灵上的颠覆。老史说，有一次，他吃剩饭时，被一个老朋友看到。老朋友用诧异的眼光看了他好久，问他，"怎么了？"老史说，"没怎么。"朋友说，"没怎么这是怎么了？"老史说，"能这么着就说明真的没怎么。"

是的，有好多人有了钱了，却没了前途了。不是事业上没前途了，是心灵上没前途了。心灵上若没前途，事业上的前途不也是瞎的么？

这一晚我们就在王舍城，以止为题，说了好多话。

说是王舍城，但真的王舍城在哪里呢？王舍城的故事太多太多，这些故事意味深长。在来印度之前，我就读过一些。在老史的微醺里，我朦朦胧胧入睡，王舍城的故事在梦里漂浮。

据玄奘法师《大唐西域记》载：王舍城侧，恒河南岸，另有古城遗址，那个城叫波吒厘子城。而波吒厘子城的由来却充满神奇。当初，这一带因为鲜花多，城市也叫香花宫。香花城里有一个婆罗门大师，收有好多门徒。这天众门徒随师郊游，其中一位书生徘徊怅惘，心事满腹。同学问他："你怎么了？"他答道："走路时踩到自己影子，才发现自己已经老大，却是一事无成，因此忧虑。"于是有同学就跟他开玩笑，说："莫不是想媳妇了吧，别着急，今天就给您娶一个。"这样说也就这样做了。两个同学假扮男方父母，两个同学假扮女方父母，遂坐在波吒厘子树下。他们把这棵树命名为女生树，并且"采时果，酌清流，陈婚姻之绪，请好合之期"，煞有介事，一丝不苟。然后女方"父亲"攀着花枝对这书生说："这就是你的佳偶，你看漂亮不？"这书生挺高兴。天将暮时，众人要回去了，书生恋恋不舍。同学劝他："回去吧，方才那是游戏。"但书生舍不得走，于是就留了下来，在树下徘徊。到了晚上，竟是灯光绮旎，管弦清幽，帏帐陈列。正诧异间，就见一老翁策杖而来，老翁身后是一位老妪领着一位少女，再后边还拥随着众多眷属。老翁指着少女对书生说："这是你的媳妇。"

再说在香花城里，好几天也不见书生回来，大家都以为他被野兽吃了。于是到郊外来看，却见那书生还在树下坐着，神情痴迷的样子。大家劝他回去，他也不听。后来这书生自己回城，跟亲友们细述情由。众人惊诧不已，于是跟着他来到树林中，拨开大树枝杈，看到的却是一座豪华宅门，僮仆役使驱驰往来，那老翁也出来接待客人，陈馔奏乐，宾主礼备。诸人回城之后，这事就传开了。一年之后，夫妻俩生了一个男孩。书生对妻子说："我现在想回家，又有点舍不得，可是老不回家也不是办法。"妻子忙对老父说了。老父对书生说："人生行乐，何必回乡？你不用担忧，这事我来办。"于是就见好多的人都来搬砖运瓦，很快一片一片的房子就建起来了，日子不多，一座城就现在书生眼前。原来老翁把个香花老城整个搬了过来。

这故事也太美丽，看来印度也有蒲松龄样的人物。

佛陀在时，王舍城是摩揭陀国的都城，当时的国王是频婆娑罗王。佛陀未成道之前，曾在此募化，站在城门上的频婆娑罗王见这位年轻沙门形貌端严，举止安详，气度不凡，于是前去拜问。与之交谈后，才知他便是为众生求道的悉达多太子。国王慕其威仪，愿意把一半国土分给太子，与其一同主政。太子婉拒国王的好意，并为他解说世间的有漏之法："恣情纵欲，是招致痛苦的主因。人的欲望如同炽烈的火，再多的木柴投下去，也会感到不足。财、色、名、食、睡的享受，若是得到了，徒然增长爱着的念头；若是失去了，更是烦恼不安。这一切都只有使身体受苦而已。所以我洁身、乞食，舍弃欲念，远离恩爱，追求真理，就是希望免除人的生老病死之苦，救度世人。"

频婆娑罗王深深感佩悉达多太子怜悯众生的慈悲情怀，请求太子得道之后，定要先到王舍城来受他供养，为众人说法。悉达多太子默许了他。

于是，佛陀成道后第二年，率领着一千多名弟子来到摩揭陀国。频婆娑罗王听到佛陀前来的消息，先大赦牢狱中的囚犯，而后率领大臣、婆罗门浩浩荡荡地迎出40里地。这里有一片茂密的竹林，当地人叫它杖林。在杖林见到佛陀后，频婆娑罗王卸掉剑、盖、冠、扇、履等庄严配饰，为佛作礼，三称自己姓名，恭请佛陀入城。到了王宫，大众坐定之后，惊奇地发现国内所尊崇的拜火教首领优楼频罗迦叶也在佛陀徒众席中，颇感诧异："这到底是怎么回事呢？"

频婆娑罗王向佛陀请示。佛陀示意优楼频罗迦叶现身说法，以释众疑。优楼频罗迦叶说道："大王！过去我以事火为功德，相信精勤苦行可以升天，享受五欲快乐；如今才知道，即使上升天界享受快乐，也不能舍离贪、瞋、痴的烦恼，更无法免于老、病、死的恐惧。佛陀所开示的涅槃寂灭之乐，使我身心清净，远离三毒，因而舍弃事火的苦行，皈依佛陀。"

频婆娑罗王听了称赞不已，再度恳请佛陀为大众开示，同沾法露。于是佛说《频婆娑罗王经》。此经说，"我们的眼、耳、鼻、舌、身、意等的一切作用和活动，就是生死起灭的原因。因为执著于'我'的存在，想满足'我'的一切需求，所以生出种种的欲望，造作出种种的善恶业，以致无始劫来生死流转不已。其实，所谓的'我'，只是四大假合之身，与受、想、行、识的因缘际会；明白了'我'及我所有的一切都是无常的，就不会再受束缚了。忘了我，而只为了一切众生，再忘了我及一切众生，而进入不动心的领域，把心扩大，与宇宙一体，那就是'我'进入涅槃之时。大王！这才是人间本来的实相，那个地方才没有生死烦恼。"

众人听闻了微妙之法，内心清凉，得无上喜悦。频婆娑罗王也当场证法眼净，得正知见，获法无畏，大众一起虔诚地皈依三宝。频婆娑罗王誓愿终生护持佛教，他对佛陀说："领受您给予人世间的稀有甘露，没有比这些更值得欢喜了。当我还是太子时，就有五个愿望：一是承袭国王；二是在国土内能有正等正觉的大开悟者；三是我能供奉佛陀；四是我能得闻妙法；五是我能证悟佛陀的教法。如今，我这五个愿望都已经圆满了。"

也是因果使然，这频婆娑罗王，却生了一个不肖的儿子。有相师为这太子相面，说此太子将来对国王和国家不利。频婆娑罗王于是想摔死太子，谁知太子从高楼坠落地上，却只摔断了一根小指。这太子便是后来的阿阇世王。阿阇世长大后，听人调唆，发动政变篡夺王位，将频婆娑罗王幽闭在七重门的囚室里，断绝饮食，欲置之死地。囚室由士兵严加守卫，任何人不得接近。王后韦提希夫人，为了救丈夫，偷偷地将酥油蜜和炒面涂在身上，又将饰物璎珞中盛满葡萄浆，潜往囚室探望。见是王后，守卫者不敢阻挡。阿阇世王知情后，怒火中烧，欲杀其母。在二位大臣的劝说下，才放弃了杀母的念头，但把母后囚禁深宫，不得与父王相见。

在极度痛苦和极度绝望之时，频婆娑罗王渴仰佛陀，仰望佛陀慈悲身影。释迦佛陀派了弟子大目犍连，天天来为他传授八关斋戒，派了弟子富楼那给他说法。频婆娑罗王道心升起，他对太子的迫害，不生嗔恨，因为他已经深知因果。就这样，这位频婆娑罗王，在最后的日子，证得阿那含果，到了不还天的境界。这时，阿阇世王得了一场大病，在大病中，他有所悔悟，明白自己错了。于是他冲到囚室，欲救父王，但这时频婆娑罗王却已咽气。

再说韦提希夫人被儿子囚禁深宫，悲恸欲绝，从幽禁处遥拜世尊，哀请世尊派弟子前来救助。释迦佛在灵鹫山即时了知韦提希之念，便亲自带着大目犍连与阿难从空而来，现身在韦提希前。韦提希夫人号泣禀佛：厌恶这个秽浊的世界，愿生到没有忧恼的佛国。尔时，佛陀为其演示十方净土，并为其说《观无量寿经》。王宫说法终了，佛陀返回灵鹫山，尊者阿难又将此经向诸比丘复讲一遍。因此《观无量寿经》便有前后两次的说法，称为一经二会。

这阿阇世王，后来也成为佛教的护法。

世间的因果关系真是甚深甚深，不可思议。

一代一代传下去，传到频婆娑罗王的曾孙曾曾孙，便是阿育王。阿育王是印度历史上最有名的帝王，他基本统一了全印度。在他治下，尊佛教为国教，弘扬正法，将他的诏令和佛法精神刻在崖壁和石柱上，成为著名的阿育王摩崖法敕和阿育王石柱法敕。阿育王向佛教僧团捐赠了大量的财产和土地，还在全国各地兴建佛教建筑，据说建有84000座奉祀佛的舍利塔。为了消弭佛教不同教派的争议，阿育王邀请高僧目犍连帝须长老召集千名比丘，在华氏城举行佛法三次结集，驱除外道，整理佛典，并编撰了《论事》。阿育王还向边陲地区和周边国家派遣了包括王子和公主在内的佛教使团以传播佛教，这是佛教走出印度，迈向世界性宗教的开始。阿育王还亲到各地去朝礼佛的圣迹，修建佛塔，访问高僧大德，又在全国各名胜山崖上，勒石刻经，传递佛法。因此阿育王为世人所尊崇。但是，王舍城北有一石柱，却是记录阿育王恶行的。

阿育王是在佛陀涅槃200年后出生的，阿育王继位之后，却是一位无道暴君，在统一印度的过程中，杀人无数。他施行苛政，随心所欲，欺凌臣民。他迁都到波吒厘子城，并不惜财力国力，在城外依山筑墙，其情形大概有点像秦王修长城。这样一来，肯定上下焦塞，民怨沸腾。为绝人口舌，消灭异党，阿育王竟建了一座人间地狱：周围砌起险峻高墙，里面烘炉烈焰、铁床狼牙、刀斧鞭索，各样刑具齐备，招募各类恶人为狱主狱吏。一旦认为是罪犯，不论罪大罪小，皆会捉入地狱，备受刑罚。因此围墙之内，常闻哀号，其声凄厉，有如鬼叫。刑罚愈演愈烈，到后来凡进地狱者，受尽折磨之后，皆被处死。

一位沙门僧，这天乞食误到地狱门口，被狱吏见到，将他捉到地狱内，就要施刑。沙门害怕，忙作礼忏悔。这时就见一个人被拖了进来，手脚已被斩断，形骸破烂，肢体糜烂，已经不成样子。此沙门僧见此，大为惊骇，心灵顿起大悲，认识到人生无常，地狱可怖，一下子证得了阿罗汉果位。把那人拖走之后，众狱吏一声呐喊，把沙门僧抄起，扔进了滚开的油锅里。到了这时候，人已进入清凉界，虽入镬汤，如在清池，心无恐怖，体无痛苦，而且身边有徐徐开启的朵朵莲花。狱主见了，惊诧莫名，赶忙去报告阿育王知道。阿育王来了，见此情形，诧异之余，也是深深感叹。看来真有不怕死的，看来也真有死不了的。不但死不了，而且一切刑械皆可化作莲花。

阿育王正赞叹，狱主说话了："大王，您也得死。"阿育王说："为什么？"狱主说："您曾经下令，凡是进了这个门的，都得杀死。没有听说大王进来就不杀死。"阿育王说："对呀，这个令是我下的，也不能改变。你已经进这个门好久了，可是你现在还活着，这是我的错。"说完，就令狱卒把狱主投到了烘炉里，阿育王才逃出来。

后来阿育王遇到高僧优波毱长老，经多次参访，终于大悔大悟，决心皈依佛门，洗心革面，重整身心，从而改弦更张，废掉地狱，废除苛政。进而护持佛法，广建佛幢。在全国倡导慈悲仁爱，要人们孝敬父母、善待亲友和一切人，尊重生命，爱护动物，多做善事，宽容其心，对其他各宗教，兼容并包，从而成就了一个不朽的帝王。

我在鸟声中醒来，老史已经在洗漱。洗漱完毕出了屋门，张玉欣与赵惠梅正从屋顶下来。张玉欣喊我，指着屋廊上方说："拿上照相机！"

顺着楼梯转到屋顶上，就见东面青山如黛，山不太高，起伏也不大，安详自在，犹如卧佛。那是不是灵鹫山呢？山下是开阔地，蜿蜿蜒蜒有一脉水，水两侧树木村落，错落有致。紧挨着屋子后墙有几株树，枝叶扶疏，却不知名，有鸟在树上叫。此时太阳正在山后滚动，光晕已露，忙举相机拍了几张。顿时青山吐日，眼前所有景物都作金色，但山背阴处的黛色仍旧，只是有了金光的衬托，愈显深幽。张玉欣说，刚才她上来时，见有鸟在枝头跳动，全神正在鸟上。赵惠梅来了，她不知树上有鸟，却看到了屋顶上的松鼠，于是惊喜地喊了起来。张玉欣担心，这下鸟肯定飞了。但是张玉欣的担心是多余的，小赵喊后，松鼠仍在檐上，好鸟还在枝头，一切如旧。于是张玉欣若有所悟，作诗道："鸟在树上，鼠动友惊。鼠动友惊，鸟在树上。"

好一个鸟在树上。

她懂禅了么？

灵鹫山上的那枝花

佛陀轻举兜罗绵手，拈一枝金菠罗花示于大众。众人默然，唯大迦叶会心而笑。佛陀便传禅于他："吾有正法眼藏，涅槃妙心，实相无相，微妙法门，不立文字，教外别传，付嘱摩诃迦叶。"这便是以心传心，只可意会，不可言传的禅心妙谛。

早饭之后，坐车上山。山不是别的山，正是灵鹫山。

凡禅者都知道灵鹫山，都向往灵鹫山。灵鹫山又名灵山，即佛经中的耆阇崛山，"如是我闻，一时佛在耆阇崛山中"，凡是佛陀在灵鹫山说的经都这样开头。还有，更有意义的，是当年佛陀在此传禅。那是在天上人间共享的灵山法会上，佛陀轻举兜罗绵手，拈一枝金菠罗花示于大众。众人默然，唯大迦叶会心而笑。佛陀便传禅于他："吾有正法眼藏，涅槃妙心，实相无相，微妙法门，不立文字，教外别传，付嘱摩诃迦叶。"这便是以心传心，只可意会，不可言传的禅心妙谛。

法不可说，说者非法，佛陀说法是知其不可而为之。众生垢重，心若粗陶，对于微妙佛法难于领悟。佛陀慈悲，只能俯就众生，以多种方式，设譬立喻，这样说那样说，如老母鸡啄蛋壳般细致、经心。但是，寓意虽深，却不是佛法本体。佛陀曾讲："知我说法，如筏喻者，法尚应舍，何况非法！"他还以月和手指作比喻，说："如人以手，指月示人。彼人因指，当应看月。若复观指以为月体，此人岂唯亡失月轮，亦亡其指。何以故？以所标指为明月故。"佛陀担心人们错会了佛法！佛陀的担心不是多余的，"一片白云横谷口，几多归鸟迷归巢"，真心妙谛有几个人识得呢？

因此佛陀必须传禅，其实传禅信息，在佛陀那里多有演示。比如《指月录》载这样一件事：这天大众齐集，佛陀升座。文殊菩萨以椎击案，说："谛观法王法，法王法如是。"佛陀便下座。佛陀是法王，法王的法就是这样，说是不说，不说是说，禅之妙就妙在此。《金刚经》上也说："若有人言，如来有所说法，则为谤佛。"一天，佛陀手持一只摩尼珠，问五方天王："此珠作何颜色？"五方天王各说异色。佛陀把珠藏起来，举手问道："此珠作何色？"天王说："佛手中无珠，何处有色？"佛陀说："你们怎么这样颠倒！我将世间的珠子给你们看，你们便说有青红赤白各种颜色。我将真正的宝珠给你们看，你们却看不到。"也只有到了灵鹫山，佛陀才正式地把禅传给大迦叶。大迦叶再接着往下传，一直传到28代祖师达摩。达摩大师东渡印度洋，始登东土，为中国禅宗初祖。二祖、三祖、四祖、五祖，再到六祖惠能大师，"一花开五叶，结果自然成"，自此才有沩仰、临济、曹洞、云门、法眼禅门五宗大兴天下。这一花，就是灵鹫山上佛陀手上的那枝花。

而赵州和尚从谂禅师，就从这一枝花里演化开去，吃茶洗钵搬砖运瓦无不是禅："此事如明珠在掌，胡来胡现，汉来汉现。老僧把一茎草作丈六金身用，把丈六金身，作一茎草用。"赵州老和尚就凭着这一茎草，度人无数。我们从赵州来，身后应该有赵州老和尚深切的目光，看我们到灵山，能不能寻到那能够当得丈六金身的一茎草。

　　我们实为那枝花而来！

　　灵鹫山距王舍城不远，车走了不长时间，就开始拐向一条窄窄的柏油路。突然就看到一座牌坊迎面而来，上面写有汉字。汉字没待看清，车就开过去了。忙回头看背面，却见左右两根立柱上分别刻着汉字：一心欲见佛，不自惜身命。这是《法华经》上的话，写在这里也真好。后来知道，这牌坊是日本人所建。因为在灵鹫山有日本人建的寺院。

　　很快灵鹫山到了，车停下。路边有几家小店铺，摆着佛像佛珠等与佛有关的商品，见我们从车上下来，便有人上来招徕生意。

　　阳光极好，上山的路也好。路有两米多宽，当中一米宽的路为红砖所砌，砖与砖错落，组成穗形图案，两边各半米抹的是浅绛色水泥，左侧是山，不用遮挡，右侧即是向下的陡坡，有着石头砌成的护栏。整条路，如一条彩带，飘然而上，直达灵山顶。亦有台阶，但不是一步一级，而是三米五米之后，才有一级。由此可知，坡是缓的，山亦不太高。

　　这条路是当地人捐资新修的，在原来，这里是一条旧石路，为当年频

灵山：佛与弟子们打坐的洞

灵山说法台：礼佛

佛说法传禅处，阳光熠熠，经声琅琅

143

那烂陀遗址，一片一片的红色房屋基座。这里曾是历史上一座非常宏伟的佛学院

登上高墙，竟是另一片天地

玄奘纪念堂

行走在天上的大师——玄奘

竹林精舍：佛教史上第一座类似寺院的场所

婆娑罗王所开凿。佛陀上山走的是这条路，频婆娑罗王上山见佛、听闻佛法也是走的这条路。如今在路的左侧还残留着两座塔基。一座塔称为"下乘"，即频婆娑罗王下车步行之处；另一座塔称为"退凡"，是频婆娑罗王留下随侍，独自上山见佛陀的地方。通过婆娑罗王躬身上山的身影，可以见他对于佛陀的虔敬。

我们也是躬身上山，不时抬眼向高处望。在路的顶端，是一块块突兀而起的山石，向着天空，呈奔突之状，有起落之势，颜色青苍，果然像是雄踞着的灵鹫。其实再细端详，那石头一瓣一瓣，亦像是怒开的莲花。"尔时世尊从肉髻中涌百宝光，光中涌出千叶宝莲，有化如来坐宝花中，顶放十道百宝光明……"哦，多么壮观而奇妙的景象，佛说法时如是，这山亦如是，此时阳光照在一瓣一瓣的山石上，光焰四射……

这条路大概有五六里远近，将到山顶时，山路右拐，右侧山岩上出现一个一个的或深或浅大小不等的山洞，那是佛陀和他的弟子们打坐的洞。有舍利弗的，有阿难的，有大迦叶的，有大目犍连的……到底是谁的，我们也不知道，只是听阿曼说，阿曼大概也是听别人说才知道的。

右拐再右拐，我们的目的是到最高处，佛说法和传禅时的平台。但在阿难打坐的洞前，还是停下来，听阿曼讲阿难在洞中打坐的故事。

阿难在洞中打坐，魔王化作鹫鸟，于月黑之夜，蹲踞在对面大石上做恐怖状，发恐怖声。阿难那时年龄很小，见了害怕，手足无措，不知怎么办好。此时佛陀也在旁边的洞里打坐，见此情形，伸出手臂，直接穿过山壁，抚摸阿难头顶，抚慰阿难，说道："不要害怕，一切恐怖，皆由渴爱而生，一切烦恼，皆由渴爱而生。离开渴爱即无烦恼，没有烦恼哪里有恐惧?"阿难得到抚慰，身心安乐。如今洞中通穴仍在，对面山上的鸟迹也在。这到底是传说还是真实故事，已经不重要。重要的是阿难与佛陀曾在这里安心静坐，体味无上清凉。看到这些洞，神圣的佛陀和行止超然的弟子们一下子变得可亲可近，他们好像刚刚离开，下山到王舍城托钵去了，不一会儿便会回来。

与阿难打坐洞相邻的即是佛陀与舍利弗打坐的石洞，洞口上方贴着好多的金箔。有的人立即就贴着石壁坐了，双手合十，以亲近佛陀。明影师说还是先上说法台礼佛，一会儿回来大家一起在此打坐、诵经。

也不知从何处起，地上的红砖已经不见，取而代之的是方形的红石。过了佛陀打坐的洞，山路右旋，且一下子陡了起来，变成了一步一步的石砌台阶。顺着台阶上去，很快就来到了说法台。说法台在这座岭的最高处，为一平台，下有山路连着人间阡陌，上有明月照着天宫楼台，佛陀在此说法传禅，天上人间共沾法喜。

转过去，就看到说法台了，看到了迎面矮墙上闪着金光的金箔和一束束的鲜花，还有几个神情庄严的管理人员。突然心里涌出一种激动，这样的一个地方，梦里萦绕过多少次的地方，佛经上读过不少遍的地方，其海拔高度还不如太行山的一座峰，但其精神高度，却比喜马拉雅山还高，比须弥山还高，似乎这里便是世界的顶点。就是这样的一座山，真的到了它的面前，却又是这样亲近，这样平和，这样与平常的山无二无别，似乎我家就在山脚下的随便的一个小村里，这座山已经爬过无数次。而当面遇到佛陀，他托着钵，面带微笑，也不会觉得奇怪，我会向他鞠躬，向他微笑，然后回头看着他走远。这样的感觉，好像只有回老家时才有。一老者问："你回来啦？"我答："回来啦！"这一问一答就包含了全部的人生况味。所有的出发，都是为了回来。出去得越久，回来得越急；出去得越远，回来时越亲。

轻手轻脚，其实已经顾及不到脚，而只是扬起脖子凝了神看，看佛陀曾经待过的这个地方。

平台面积并不很大，最多不过百十平米，就那么自然而然。一面是上来的路，其余三面便是岩石的边沿，沿下杂树丛生，肯定会有花枝探出，有碎叶飘来。如今平台用砖石砌了起来，砌成了半人高的围墙，显得有点不太自然。最里面的墙上，贴满了金箔，置一尊佛像和一块铜牌，摆了花鬘，铜牌上的字大概是对此处的说明，这便是大家顶礼朝拜的地方。一进矮墙，大家都把鞋脱了，地上各样的鞋子挤成一片。这里的管理人员把鲜花送到每个人的手上，鲜花并不要钱，只是说这路是本地人所修，下山的时候可以随意布施。我把花擎在手上，举起来，在鼻前嗅了一下，有着淡淡的清香。这是枝黄色的花，有着长长的绿茎，类似郁金香，但又不是。这是金菠罗花么？

明仰师献了花，明影师献了花，每个人都献了花。众人手上的这枝花，与当年佛陀手上的那枝花是一还是二？佛陀拈花，意在传禅，会心者不仅摩诃迦叶。两千多年来，有多少高僧大德都看得见佛陀手上的那枝花。南朝智者大师诵《法华经》至《药王菩萨本事品》，"是真精进，是名真法供养如来"，即豁然大悟，寂然入定，亲见灵山一会俨然未散。以此看来，灵山法会只有开始，而没有结束，佛陀手上的那枝花依然举着，只是愕然的人越来越多，而微笑的人越来越少。

礼佛之后，我们在此诵《法华经·如来寿量品》，阳光熠熠，经声朗朗，知佛陀常在不灭，久在娑婆。只缘我们德薄垢重，见之不见，闻之不闻。

当年，僧问赵州和尚："学人乍入丛林，乞师指示。"赵州问："吃粥了么？"僧答："吃过了。"赵州说："洗钵去！"其僧言下大悟。这僧好聪慧，但他悟的是个什么呢？

这样的禅门公案在中国有几千个，活泼泼的，个个意味无穷，谁参透了谁悟。自从达摩东渡，有多少禅者悟道，问的是和尚，见到的却是花。这一枝花，如梦相似，所有的问都在里头，所有的答也都在里头。因为有了灵山佛陀手上的那一枝金菠罗，世界无声无臭。

龙的遗骨

玄奘法师走了，后来又来了，这里留下了他很多的足迹。在那烂陀寺，我一步步走来，有几个脚印会与他的脚印重叠？

从灵山下来，我们奔那烂陀大学，按现在的叫法应该称佛学院。人们依然沉浸在朝拜灵山的气氛里，但同时又向往着前面会给带来的惊喜和新鲜。因此人们都沉默着，明影师却不敢沉默，既进宝山，就不能空手而回，他必须抓住任何一点时间空隙，让人们更多地领略佛国的珍奇。因此他介绍果行法师，讲这位对法相唯识之学颇有研究的师父，讲讲那烂陀和与那烂陀有着密切关系的玄奘法师。

心地安闲的果行师，从不多言，几天来一直默默跟着队伍。他若不开口，谁也不知道他其实有着满腹的学问。

那烂陀寺是在佛陀灭度后由笈多王朝帝日王所建，其时在公元400多年，帝日王之后，先后有六代国王相继增建，于是那烂陀成为全印度最大最辉煌的精舍。还有的说，建寺时间应该在往前很早很早，再往前推500年。这都难以考证，关键是，历史上真的有这么一座非常宏伟的佛学院。

据说那烂陀乃是一条龙。盖因建寺时，不远处有一大片森林，森林中有大水池，池里有龙，龙的名字叫那烂陀，于是就把龙的名字命名了寺院。大概是希望寺院也像一条龙那样，给人间带来祥瑞，果然，这条"龙"真的如日飞空，彪炳天下。那烂陀翻译成汉语是施无厌的意思，因此还有一种说法，说是在多劫以前，释迦如来修菩萨行时，为大国王，建都此地。大国王悲愍众生，乐善好施，人称施无厌，故建此伽蓝因以名之。还有说法，说这里是一处大园林，500名商人以十亿金钱买来供养佛陀。佛陀在此处说法三个月，这500商人也证了圣果。佛陀涅槃后不久，帝日王尊崇三宝，于是在这里建立起了一座伽蓝大寺。

无论哪一种说法，都是好的。关键是这个寺好，这座佛学院好。有多好呢？来此当主持或者教学的人，有好多位都是菩萨。比如龙树菩萨、无著菩萨、提婆菩萨、世亲菩萨等，你想这样的院长和老师，教出来的学生会是怎样的呢？包括中国人人人皆知的唐僧玄奘大师，也曾在此留学五年，并成为当时印度的四大名僧之一。直到如今，玄奘大师在印度仍有非常高的知名度。到此留学的中国僧人还有玄照、义净、智弘、无行、道希、道生、大乘灯等。那烂陀真的是一条龙，佛法佛学的一条龙脉，因此在历史上能够延续千年，这在无常之法下已经算很持久的了。而且，它的延续不仅是有形的，还是无形的。不仅是时间上的，更是心灵上的。应该说这条龙一直在天上，护持着人间正法。

这座寺院不但好，而且大，有多大呢？说最盛时方圆48里，南北数十所寺院，常住僧侣4000人左右，加上来此挂单的游僧和参学的学僧，有一万余众。到这里来的，皆非等闲之辈，都是佛家的种子选手，好多人是有证有得的圣贤。用中国古人的话说便是："人人握灵蛇之珠，家家抱荆山之玉。"那样一种状况，现在世界上的任何一所一流大学都无法与之相比。玄奘法师当年来这里，看到的是怎样一个状态呢？"僧徒主客常有万人，并学大乘兼十八部，爰至俗典《吠陀》等书，因明、声明、医方、术数，亦俱研习。寺内讲座日百余所，学徒修习无弃寸阴。德众所居自然严肃，建立以来七百余载，未有一人犯讥过者。"这些人学的不但有经、律、论三藏佛学，高章典册，还要学社会科学和自然科学，比如《吠陀》。所谓《吠陀》又称《四吠陀》，因为按其内容，分为《梨俱吠陀》、《娑摩吠陀》、《夜柔吠陀》和《阿达婆吠陀》，是印度宗教、哲学和文学的基础。大概这也有点像中国的五经，有哲学的《易》，亦有文学的《诗》，历史的《春秋》和行为规范的《礼》。做人的基础全在里面。因明为逻辑学，声明为语言文字学，还有医学数术等，应有尽有，博大宽泛，相互映衬和激发。最让人感佩的是学僧们的学习态度和学问成就，"凡解经论二十部者，一千余人；三十部者，五百余人；五十部者，并法师十人。"何等了得！而"唯戒贤法师一切穷览，德秀年耆为众宗匠"。戒贤法师是谁呢？是这座寺院的主持，是佛学院的最高领袖，当时已经一百多岁了。而且不仅是玄奘大师看到的这些，再往前，自建立佛学院以来几百年间，竟然没有一个人犯一个小错，这太不可思议了，自此可以想见此所大学的庄严。

还有这座寺院的景观也太美了，当时玄奘大师看到的是："宝台星列，琼楼岳峙，观竦烟中，殿飞霞上，生风云于户牖，交日月于轩檐，加以渌水逶迤，青莲菡萏，羯尼花树，晖焕其间，庵没罗林，森疏其外……印度伽蓝数乃千万，壮丽崇高，此为其极。"真的好壮观，好好看。这在佛学史上是奇迹，在建筑史上、园林设计史上也是奇迹。

这样的一群人，生活在这样的一个环境中，真的是让人神往。

那烂陀的故事，玄奘大师的故事，在果行法师的言语里鲜活起来，由于车的颠簸和话筒的失真还有果行师稍微的口音，使他的故事有点断断续续，朦朦胧胧，但是，大家还是听得饶有兴趣。特别是后排的人，有几个人是仄着耳朵的。他们一是想听清这故事，同时也是以此态度来支持果行法师。果行法师由于缺少经验，而把话筒拿得太近。

说话间就到了那烂陀大学的遗址，又是一个极大的院子，大到你想不到它是院子。与别处不同的是这里有大门，大门关着，侧门开着，门口有人看着，需要门票。门票就在侧门旁边的小屋里买。阿曼来做这件事。在此间隙，法师们在门外站成一排先照了一张相，然后大家也集在一起照。以此来证明自己曾到此一游。其实它不仅证明了自己，似乎还可以以自己来证明，所有的传说其实都是真的。我们没见过的，不等于没有。因此我们见一个，即证明一个，就像是往契单上按手印一样，把自己结结实实地按在上头。

门是小的，我们鱼贯而入。里头真是大，好多的树也真是大。路是笔直的，通到远处。那里有红的墙，在大树的掩映中，已经显出巍峨。果行法师刚才所讲的话，落地生根，化成可以触摸的现实。

阳光真是好，好到有些烫脚板。

在笔直的路上走过，两边是树是花是绿地和远处的围墙。天空有飞过的鸟，天上没有云，一丝也没有。有非常大的树，在左边，在右边，错落着。有人在我们前边，还有人在我们后边，从世界各地来的，一个团一个团的，肤色不同，语言也不同，但是心是相通的。

到了高高的墙下，横着很宽很宽的，中间有一个门，或者说是一个豁口或者通道。我们进入到里面。人到了这个通道里，立即显出矮小。此通道最多有两米宽，两面全是高耸起来的墙。阳光射进来，强烈的阴影和强烈的阳光把地面分成阴阳两半，非常鲜明。人们就站在这阴阳里，更多的人愿意贴近背阴处。阳光是太好了。被围圈在这逼仄的墙里，我却更加感知到此遗址规模的宏大，像是蚂蚁钻到废墟的缝隙里。墙是红砖所砌，上面遗有黑色苔痕。这些黑色苔痕到了雨季会复活，变成苍苔绿藓。可以想见在雨季里这里的情景，那样的潮湿和阴郁，到处是淅淅沥沥的雨声和青苔努力的呼吸。如今阳光把它们照得发烫。阳光下的那烂陀与雨中的那烂陀是一个还是两个？

有人开始向上爬了，原来进通道向右侧一拐，即有断壁可以爬到高墙之上。回望了一下，已经有一些人在上面。通过他们瞭望的眼神，可以想见上面有着意想不到的景象。我与张玉欣等人却顺着通道向里走。通道有着弯曲，几经弯转之后，才见出口。出去之后，眼界一下子开阔，但除了拐来拐去的道路之外，且也全是低的遗址，一片一片的红色房屋基座以及其间的树木。阳光在这里没有遮挡。

这里的描述其实很笨拙，应该说，一出出口，你就会发出一声惊叹，不管这惊叹是发在嘴里还是发在心里。因为在前方的左侧，一座昂扬的高大建筑物，会一下子把人的目光夺走。你不可能不先看到它。它的高大，它的结实，它的坚定，让人吃惊。那是一种意志的体现，一种精神的宏伟表达。看不到孔洞，没有窗户，由平面和斜面组成，由高和宽组成，无数的几何图案汇集在一处，无论平面还是斜面都像被刀切过，那样干脆，那样直截。更像是雕塑，更像是纪念牌，只是巨大，最宽之处有两三幢楼那么宽，高度说是四层楼高，而原来据说是七层楼高，厚度也像应该厚过两座楼。有一道窄的斜面上是一道道的阶级，节奏分明，像是大师演奏出来的，顺着它可以直达顶端的平面。这是从这个角度看，换一个角度，它的形象又不同。就像苏东坡诗中所说："横看成岭侧成峰，远近高低各不同。"无论从哪个角度看，它都雄威、壮观，如蹲踞着的狮子或者猛虎。这应该是一座塔，一座造型奇特的标志性建筑。在这座巨塔周围，还有无数小的塔，方的圆的，高的低的，散布开来，似乎巨塔如一株生命力旺盛的大树，而周围的塔都是由它滋生出来。塔上有着特别清晰的佛浮雕造像，好多好多，有的已经残损。阳光使劲地照耀着，似乎想把千年的历史抹平，但是，历史已经在这里定格，它属于千年前，站在那里纹丝不动。阳光的作用是让我们与它接轨。透过千年历史尘埃，我已经触摸到当初它的美妙和庄严。

似乎是为了便于阳光的倾泄，高楼的周围，却又是低的，低于平面一米多。果然里面全是阳光，里头浮游着的全是时光之鱼。因此道路边围有栏杆，栏杆断处，有下去的台阶。有心想攀爬到那最高处，如果到了那里，定能鸟瞰全貌，而全貌又会是多么浩瀚，如站在桅杆上看海么？且那个大斜面是很诱人的，赤着脚走在上面，是怎样一种感觉？但是，刚绕到离斜面近些，还在栏杆外，却有一个管理人员拿着一根木棍过来，指挥着，让我们朝后面走。真不懂他的意思，莫非那边另有上去的路？跟着他的指挥棒走了一段，想想却不对。他只是让我们换个角度看，就像欣赏美人那样，也许我们方才看的只是后面的发髻，而真正的好看处定然在眉眼那里。果然这个角度又看到了另外的效果，由于人少，那建筑有逼过来的意思。突然意识到那高处定然是不让上的，因为那上面一直是寂静的，只有阳光和将要被阳光晒化了的飞鸟，这么多人在周围浏览，而没有见有谁上去过。而这样大的一个建筑，似乎会把我们这两个人吞噬进去。于是想，还是离开这诱惑回归队伍的好，真不知那些人都转到哪里去了。

于是往回走，看到了几个零散出来的我们的人，彼此照了相。他们已经从高墙那儿过来了。就在这里，在栏杆旁边，看到一个宣传牌上贴着的图片，原来这里曾被风沙所埋，是1915年至1937年间，印度考古工作者重新又发掘出来了那烂陀遗址，包括这么雄伟的巨塔，都是埋在地下的，这便是所谓的沧桑变化。

还是重新穿回通道，也爬到了那片高墙之上。记得有一次爬太行山深处的驼梁，本来四面是高高的山，爬到上面竟然是平原，再看原来的那些山，都变成了一个个起伏的浪头。这次的感觉也是这样，高墙之上，竟然像黄土高原一样是平的，虽说平，却仍然有着像地面一样的高高低低的墙。那么，这是屋顶了，所有的屋顶连在一起，真的是屋顶，因为在没有顶的地方，可以俯视到那一间间的屋子，阳光直射到里面。还有就是这里一个那里一个的小的洞口，出人意料地出现在屋顶上，像是房间的透气孔。屋顶上还有排水的沟道。所谓屋顶，其实是上一层的地面。就是说，这是楼房，遗留下来的是一层多？抑或两层多？参差错落，连褛如绵。这么多的屋宇联在一起，真不知他的内部结构是怎样的。我联想到了秦的阿房宫，那个被烧毁的梦一样的建筑，是不是也这样宏伟？宏伟是肯定的，但结构却不会这样奇特，因为这毕竟有着异国的文化做基础。

那么这是教室还是僧房？肯定有教室也有僧房，或者图书馆，或者伙房，或者仓库，等等。只是面积太大了，参观的人散落在这里、那里，有我们的人，更多的是其他国度的人。这些人都为奇迹而来，都想把自己置身于当年的那份辉煌里。可是这才是那烂陀很小的一部分，你想啊，原来的面积是方圆48里呀。

看到了乔万英，他盘腿坐在一个屋角那儿正在聚精会神地作画，陪着他的是他的女儿乔虢华。顺着他的目光看过去，当然是后面我们刚刚看过的那高大的塔。这里看它，有了一定的距离感，似乎更加神奇。

人已经走散了，刚才还在我身边的人也已经不知到哪里去了。

我想到玄奘大师，他在这里时，是一种怎样的情景？他的住室在哪里？大德戒贤，在哪里迎接的他？他又在哪里见到的那一位病僧？

当年玄奘，临来天竺之前，一天在寺院里遇到一个天竺国来的病僧。他对玄奘说，听说你想到天竺取经，有这回事么？玄奘说有。病僧说，我从天竺来，据我所知，一个人想到那个地方，可以说不大可能，不仅路途太遥远，亦太艰难。狼虫虎豹、强盗劫匪，还有恶劣的自然气候和险象环生的地理环境，势若登天，我劝你还是算了吧。玄奘说，多谢大德美意，只是我意已决，不可更改。病僧说，既如此，我有一部经传给你。这部经叫《三世诸佛心要法门》，你若去的话，持诵它好了。于是病僧把此经口授给了玄奘。玄奘法师即是靠着这部经，一路持诵，战胜了意想不到的艰难险阻，终于到了天竺，到了那烂陀寺。

玄奘法师到了那烂陀寺，出乎意料地见到了那位病僧，他乡遇故知，两个人都非常高兴。病僧问起玄奘路上的情况。玄奘说，得亏那部经的一路护持，因此真的要谢您。病僧说，谢倒不必，但你知道我是谁么？玄奘说不知道。病僧说，我是观世音菩萨。说完即不见了身影。

菩萨现身，正是玄奘法师至心所感，因此也不要将此故事仅当传说。那部《三世诸佛心要法门》即是后来玄奘法师翻译出来的《心经》。

玄奘法师是唐贞观七年，即公元633年9月到的那烂陀寺。迎接他的有千余名僧俗，当时是伞盖、旌幡的仪仗，极尽隆重。玄奘法师立即拜谒那烂陀寺主持戒贤论师。戒贤论师这位大乘佛法的权威，当时已经一百多岁。戒贤论师一见玄奘法师就哭了，他说我已经等了你三年。原来戒贤论师患有严重的风湿病，痛苦到不想活了。这天在梦里见到文殊、观音和大势至三位菩萨，说你不能死，东土大唐的一位法师正在向这里走，他是来跟你学习《瑜伽师地论》的。如今玄奘法师果然就来了，而且真是要学《瑜伽师地论》，这样的玄妙因缘，老论师怎能不感动。

因玄奘法师精通经、律、论三藏，便很快被推举为那烂陀寺的十大名僧之一，格外受到优待，每天供给他上等的食物，行走时乘坐象舆。

戒贤论师讲解《瑜伽师地论》，听讲的有数千人，讲第一遍费时十五个月。戒贤论师又用了九个月向玄奘讲授第二遍。除此以外，玄奘法师还向戒贤论师请教《顺正理论》、《显扬圣教论》、《对法论》等。玄奘法师在此学习了五年，成就昭然。

这天，戒贤论师对玄奘说："你舍身求法，人所钦敬。所学已经不少，但佛法精深，不可得少为足，你应该再去参学其他部派的学说。人的生命如同朝露，应抓住机缘，多走几个地方。"

玄奘听从戒贤论师的教诫，离开那烂陀寺，到印度各国游历，寻访圣迹，博采众说。

　　玄奘法师走了，后来又来了，这里留下了他很多的足迹。在那烂陀寺，我一步步走来，有几个脚印会与他的脚印重叠？我这样想着，独自下了高墙，向着外走。

　　又回到了那笔直的路上，右侧有一个园工在给花浇水。而左侧，那株大树下，一个留长发的年轻人独自坐在椅子上，他个子高高，相貌端严，高鼻深目，满面萧然。他是美国人？法国人？还是荷兰人？他就那么坐着，旁若无人，沉静有如雕像，我给他拍照他也无察觉。人原来可以静到这样，真的像一株花在那里开，在他的身上我竟然联想到当年的佛陀。

　　久也不见我们的人出来，我又返身回走。人在阳光里，如鱼在水，如鹤在风。回到巨塔前，发现崇康师正端坐在塔前面的一断壁上，喊我，说这里照一张相会是很好的。果然是好。不但这个地方好，而更主要是崇康师的端严之态让人喜欢。但是，他下了断壁在地上行走时，却把右脚的大脚趾碰破了，出血只一点点，却是艳若梅花。他对人说，我的脚破了。只这一声，便显出了他心灵上的纯真。

　　在塔的前面，绕了高高低低的断墙残垣，然后到塔的后面。在一株大树下，我们对着塔诵《心经》。在这里诵《心经》，玄奘法师应该能听到的。这是他翻译的，精炼而优美。虽短短260字，依此修行，即可得人间君子、僧中圣贤、菩提萨埵以及得道成佛。即好比是阳光下，可开米粒般枣花，亦可开大朵的牡丹。树影斑驳，经声齐整，人脸肃穆。我们的声音，塔墙会记录下来么？但巍峨的塔墙，却已然收录在心里。

不是说那烂陀是一条龙么？那么我就有理由这样想：这塔，即是龙的昂扬的头颅，而全部的遗址，即是龙的散开的遗骨。即便已经是遗骨，它还这么迷人，借此可想象它飞龙在天时的壮丽。

行走在天上的大师

> 玄奘法师，一直在这么行走着，走着走着，他就真的走到天上去了。其实我们也是天上的人物，就像佛说的，"一切众生皆有如来智慧德相"，我们只不过执著、颠倒，没把自己弄明白罢了。

离开那烂陀不远，车就停了。下车步行到一个地方去。日已近午，阳光益发强烈。但有的人还坚持着赤脚走这一段路，比如张玉欣，她今日上午一直是赤着脚的。她对我说，你能光脚走么？我说，我在农村多年，每年夏天都是光脚的，光脚才好。说着我也便把鞋脱了，光着脚踩在路面上。没想到路面会这样烫，好似烤热的铁板。我一下子跳了起来，只得把脚移到路边的土路草稞间。前面的张玉欣，肯定在偷着笑我。

这才真是热土。

果然是热土，在这片土上竟然会遇着玄奘法师！先是一座门楼，非常亲切的唐式建筑，飞檐高翘，红门黄钉，有廊有柱。正中悬一块大匾，上书"玄奘纪念堂"五个镏金大字，为赵朴初手迹。走了千里万里，突然又像是回到家一样。每一个汉字，每一块砖石瓦片，都能妥帖地砌到心里去。大门不开，只开边门。进去是方方正正一个大院子，绿的草地和不多的树木。与门楼正对着的，是一座大殿，亦是我们见惯了的飞檐斗拱，墨瓦红墙。有宽宽的红色路面通到那里。由于院子太大，大殿周围没有依托和拥戴，像孤雁失群，有一些孤单。我们顺着这路向着大殿走，在大殿的前头，路中央起一高台，高台上矗有玄奘法师负笈前行的铜像。走到这里，我驻足仰目，高举相机，把塑像完整地照了下来。

大殿前高高的台阶，宽宽的廊厦，几根大红柱子立着，中间两根到底有楹联：

西天取经三界垂范誉为法门领袖

东土弘法千秋载德尊称民族脊梁

这对联也真撰得好。

进入大殿，看到的是玄奘大师端坐着的铜像，他似乎是坐在这里等我们。见了他立即有一种亲切和温热，师父们忙展开拜具，我们也随着师父，深深地拜下去，然后诵《心经》。

唐僧取经的故事可谓家喻户晓，但好多人知道的是小说《西游记》里的唐僧，那唐僧似乎有着怯弱和迂腐，不如他的弟子们来得有意思，特别是孙悟空一个筋斗十万八千里，上天入地，变化多端。其实真的唐僧，却是一位伟丈夫。他13岁便怀慕道之志，有着"远绍如来，近光遗法"的行愿。也许是天降大任，他26岁便决意西行，到天竺求无上法。

在来印度之前，玄奘法师四方游学，还曾到过赵州的观音院，亦即现在的柏林禅寺，在这里参学道深和尚。道深和尚为他讲解《杂心》和《摄论》。他在赵州待了10个月。

没有得到政府批准，他违令西行，后有官兵缉捕，前有艰险挡路，大漠荒烟，孤僧万里，几次险些丢了性命。真的是九九八十一难，虽不像小说中描写的有那么多的妖魔鬼怪，但其艰险程度却比妖魔鬼怪还要来得狰狞。换了另一个人也许就回退了，或者也许就真的死了。即便是现在，有些探险家，汽车呀随护呀吃用呀等等的配备完好，却在穿行一片沙漠或者一座山峰时命殒半途。而玄奘法师却走过了无数的险峻。"始自长安神邑，终于王舍新城，中间所经五万余里"，全靠一双脚。"践流沙之浩浩，陟雪岭之巍巍，铁门巉岭之涂，热海波涛之路"，"卧冰而睡，悬釜而炊"，其艰危程度没经历过的人根本想象不出来。难怪他的弟子慧立感叹："嗟乎！若不为众生求无上正法者，宁有秉父母遗体而游此哉！"

他多方参学，几乎走遍了全印度，来回19年，取回了大乘经224部，大乘论192部，上座部经、律、论15部，正量部经、律、论15部，化地部经、律、论22部，饮光部经、律、论17部，法密部经、律、论42部，说一切有部经、律、论67部，因明论36部，声论13部。总计657部，由20匹马驮着，浩浩荡荡回到大唐长安。我们现在所读的佛经佛典，其中就有他的功劳。特别是当年，译过来的佛经尚少，他所取经典当然是雪里送炭，为众信众所渴仰！西方有给人间盗来天火的普罗米修斯，有了火才有了人间的文明。但一个盗字就使天上人间有了对立。而玄奘却是用自己的肉身作脂膏，把灯引燃到暗处。原来的灯亮着，他亮着，所有的暗处都亮起来，由此到处都是光明。

由是在当年，在印度，有谁不知道玄奘呢？这样一个尊崇修行的国度，见到了这么一位解行俱深的行者，谁不尊仰？以致到现代，印度的中学课本上，还有玄奘的故事。而他撰写的《大唐西域记》，竟是印度考据历史时的根本参照。

果行师曾略说玄奘法师辨经故事。若细说来由，还有好多的曲折。先是有一个叫般若毱多的灌顶师，造了一部《破大乘论》，共有700颂。这时的戒日王还在征战，路过乌荼国时，一小乘师将此论呈给他看，说欲与大乘辩论。夸口道："我小乘宗义如是，难道他大乘能驳倒一个字？"戒日王一听就笑了，说："你们真是没见识，跟大乘论，最后的结局只能是皈依大乘。"这番话令小乘僧徒不服，说，"大王您若不信，何不召集两派的人来辩论一番，以试高低？"戒日王说，"这倒不难。"于是就给戒贤论师写信：

弟子行次乌荼，见小乘师恃凭小见，制论诽谤大乘，词理切害，不近人情；仍欲张鳞，共师等一论。弟子知寺中大德，并才慧有余，学无不悉，辄以许之，谨令奉报，愿差大德四人，善自他宗、学兼内外者，赴乌荼国行从所！

这时玄奘法师游历了诸国之后，又回到了那烂陀寺。戒贤住持乃派海慧、智光、师子光、玄奘等四人前去，海慧等人有忧虑，玄奘说，"不用怕，小乘诸部三藏，我都学过，已知底蕴，他们想破大乘是不可能的。如果真的有所疏漏，甚或塌台，由我这支那僧来担责任。"

这戒日王又有信来，说辩论之事，因事须后延数日。

正在这时，又有一个顺世外道来那烂陀寺论难，他将要义书写了煌煌四十条，悬于寺门。并许下大诺："若能破我一条，甘愿斩首相谢！"于是玄奘派侍者把那四十条揭了来，遂于诸外道辩论，不过三番，那外道没了话说。外道认输，俯身请罪，让玄奘来杀他。玄奘说："我沙门释子，虫儿都不杀，何况人？"这外道听了，更加信服，愿意终身做玄奘的侍从。

玄奘法师还记着乌荼国那事，于是把那700颂的《破大乘论》找来，问这个外道说，"你懂得他们说的这个么？"说懂得。玄奘法师说，"这就好了，你来说，我来破。"于是婆罗门说一义，玄奘法师破一义，这样有了1600颂，冠名《制恶见论》。把这事做完，就把这外道放了，随他愿意到哪里去。这个外道跑到了东印度的迦摩缕波国，向拘摩罗王学说玄奘法师的德行。拘摩罗王听了高兴，忙派使者去请玄奘。玄奘法师应请来到拘摩罗王所，在这里得到最高礼遇，每日音乐、鲜花供养。这个国家本来信奉婆罗门教，玄奘法师却与国王详说佛法，佛法妙理，深契王心。一时远近传说，玄奘大名风靡内外。

戒日王听说这事，大为吃惊："本是我先请的，还没来我这儿，怎么在他那儿？"赶忙派使者去请。使者见了拘摩罗王，说明来意，拘摩罗王却不肯："要我的头可以，要支那僧不行。"使者回去一说，戒日王大怒，说这拘摩罗，也太轻视人。于是再派使者，对拘摩罗王说："你说给头可以，那给头好了！"拘摩罗王这才知道把话说过了，于是当即准备了象车两万乘，船三万艘，亲自护送玄奘法师渡过恒河，直接来到戒日王的住所。戒日王见他这样，知道他也是因为敬爱法师才那样说的，也便不计前嫌。但是却不见玄奘法师，于是戒日王问："法师呢？"拘摩罗王答："在行宫呢。""为什么没一块来？"拘摩罗王说："是您来请法师，哪能让法师来就您？"戒日王说："对对，您且回去，明天我亲自去迎。"拘摩罗王回到行宫，对玄奘法师说："戒日王说明日来，恐怕今晚就到。"

这天夜里初更时分有人来报，说河中灯炬无数，明如白昼，隐隐有步鼓之声，戒日王果然来了。于是拘摩罗王擎烛远迎。戒日王见了玄奘法师，顶礼双足，散无量花，赞颂礼敬。然后问玄奘："师从支那国来，我听说有《秦王破陈乐》歌舞之曲，不知秦王是何人，有何功德，致此歌咏称扬。"于是玄奘法师，对他陈述当朝天子秦王李世民之文功武略，并中华文化之博大精深。戒日王大喜，说，"弟子还要回去，明日迎师！"

次日一早，鲜花曼丽，幡盖张扬，仪仗似龙蛇，迎请玄奘法师入戒日王行宫，陈诸供养。戒日王问："听说您造了一部《制恶见论》，带着吗？"法师说带着，遂拿出来让戒日王看。戒日王看了，对周围陪着的僧众说："太阳出来，萤火就熄了；天雷动了，锤凿就哑了。你们所宝贵的那些小乘宗义，他都给破了。你们谁来救救看？"小乘诸僧面面相觑，没人敢应言。

戒日王说："法师的论太好了，这里的诸位师父没话说，但好多国家的那么多小乘外道，尚守愚迷，我想于中印度曲女城，为师父作一法会，让五印度的所有沙门婆罗门外道等，发显大乘，使其改邪从正，岂不是大好事？"

这时是初冬，戒日王由乌荼国到曲女城为玄奘法师设敷法会，从数十万人，在恒河南岸。拘摩罗王、从数万之众，在恒河北岸。分河中流，水陆并进。二王导引，四兵严卫。或泛舟，或乘象。击鼓鸣螺，拊弦奏管。经三个月，才到曲女城。

筹备完毕，将开幕之时，来了十八个国的国王，大小乘的僧众三千多人，婆罗门僧及外道两千多人，那烂陀寺也来了一千多名僧，都是蕴义洽闻之辈、辩才无碍之人。一时，曲女城，象舆车乘行如流水，幢幡花鬘灿若云锦。这年是贞观十六年（公元642年）仲春，正是印度的最好季节。戒日王的行宫建在会场西面五里地的地方，每日宫中金佛像一躯，置于大象背上的宝帐中，戒日王扮作帝释天形象，手执白拂尘侍右，拘摩罗王扮作梵王形象，执宝盖侍左，两个人都戴着天冠，披着花鬘，垂缨佩玉，极尽庄严；又有两大象，载鲜花珠贝，跟在佛像后面，随行随散。再请玄奘法师及门师等各乘大象次列在国王的后面，又调三百大象给诸国王大臣大德等乘坐，分列道旁，称赞而行。清早装束，自行宫引向会所，到了会场门口，纷纷下了象舆，捧佛像入大殿，置于宝座。两个国王、玄奘法师依次供养佛，安位坐好之后，然后十八国王才入，然后诸国僧名最高者、文义最博者入，然后婆罗门有名行者入，诸国大臣入。外道僧俗以及其他人等，于门外分别安置。

一切妥帖之后，由戒日王恭请玄奘法师升上七宝庄严的论坛高座，宣布玄奘法师为论主，称扬大乘教义，由那烂陀寺沙门明贤法师，将《会宗论》读示大众，另写一份悬到会场门外，示一切人：

若其间有一字无理，能难破者，请斩首相谢。

即是说，不论是谁，是僧是俗，是大乘小乘，外道旁流，有异议者均可提出，目的是"集诸异学，商榷微言，抑扬至理"，真理面前，没有亲疏。

到得天暮，没有一个人站出来。

于是回驾行宫，第二天早晨，还是跟第一天一样，象马车乘，导从如初。这样十八天下来，竟没有一人找出一点破绽。可以想象那场面，虽庄严隆重，却玄秘紧张，天本湛蓝，却似乎随时都有雷炸。那可是以人命做抵押的，谁也不知道一秒钟之后的情形会如何。这样的气氛，是等待？是期待？相信谁也不敢懈怠。玄奘法师，定然心若止水，大概也只有他有着这份自信。那么这大会，于他来说，却如当年穿越冰山或者荒漠，虽漫长，却也全在一笑中。而别的人，心量不一，所宗不同，自然心态不会一样。虽不一样，但却是为了天上人间的真理，无论谁赢，应该是真理的赢。此时的玄奘，已经不是作为一个支那僧坐在那儿，而是真理的化身，在他的背后，是佛陀金波萝花般的微笑。

这18天，要说没有一点儿事也不对，也不合乎世法。曾有一天，大台忽然火起，伽蓝门楼，也跟着烧起来。戒日王说，"这是怎么回事？莫非是我寡德无佑，才有此灾异？如果是这样，我还活着干什么？"于是佛前焚香发誓说："既然为王，就该有此福力。愿我福力，禳灭火灾。若无所感，从此丧命。"说着就跳了下去，结果一下子火尽烟消。

还有一次，戒日王与诸国的国王，登临一座塔，下台阶时，忽然有人欲刺杀戒日王。被人抓住，诸王都要求杀掉此刺客。戒日王却不让杀。他亲自审问刺客："我哪里对不住你，你要这样？"刺客说："大王德泽无私，是我狂愚，受诸外道蛊惑，辄为刺客。"戒日王问："外道何故兴此恶心？"刺客说："大王召集各国国王，倾府库供养沙门，镕铸佛像，而诸外道，大老远来了，却被冷落，自感羞耻，才做出这等狂愚之事。"刺客还说了，包括放火那件事，也是外道干的，目的是为了搅散大会。这样的大事，在戒日王这里轻轻一笑也就算了。其实那外道说被轻视是假，恼怒没法与玄奘辩论才是真。

天湛蓝如初，十八天没有一丝云翳。当戒日王宣布闭幕的那一刻，玄奘法师定然也像天空那样无忧无喜。闭幕的一夕，玄奘法师作结，本来为辩论准备的一副舌头，却一直在津液里泡着，没有动一动。此时他开口说话，虽然没有话筒，但他的声音会在每个人的心弦上滚动。他再度称扬佛法，赞佛功德，劝勉众等放弃邪知，进入正见，离开"我见如山"的小乘，走入"一真遍味"的大道，使六大师、九十六种外道，同证菩提，齐修慧业。

十八日功德圆满，皆大欢喜。大会为玄奘法师各立美誉称号：大乘称为"大乘天"；小乘称为"解脱天"。

戒日王对玄奘法师益发尊仰，施与玄奘法师金钱一万、银钱三万，上毡衣一百领。十八国王亦各施珍宝。玄奘法师一介不受，只要了一头大象，骑着走了。

由是玄奘法师声隆五印，名满十方。

这便是玄奘大师！因此我们在这里再给他十倍的顶礼也不算什么。但他却也不在乎我们顶不顶礼给他，他肯定在乎我们现在怎样对待佛法。

玄奘法师坐像后面，是弥勒经辩图，为汉白玉浮雕；两侧墙上悬挂着玄奘生平铜雕壁画，黑地金线，节奏舒缓，绘得也真是好。只是不知出自谁手。

在玄奘像的左侧台上，摆放着一块包浆丰满的老石。石头已经残缺，断成三块，上面是两只脚印，有一只脚印依然完整，右下方镌有以下汉字。

佛迹图，摩揭陀国波吒釐城，释迦如来蹈石留迹，奘亲观礼图

哦，原来这是《大唐西域记》中提到的那块留有佛足迹的石头：

精舍中有大石，如来所履，双迹犹存。其长尺有八寸，广余六寸。左右迹俱有轮相，十指（趾）皆带花文。鱼形映起，光明时照。昔者如来将取寂灭，北趣拘尸那城，南顾摩揭陀国，蹈此石上，告阿难曰："吾今最后留此足迹，将入寂灭，顾摩揭陀也。"

这真的是两千多年前佛陀留下的足迹，法师见了，我也见了，法师沿着这足迹，走了这么远，而我却还在荒榛之中徘徊。真是惭愧！惭愧！

大殿两厢是书橱，整齐摆放着不同版本的大藏经和玄奘所译经典。

出了大殿，看到外墙也装饰得好看，上面镶贴上去的浮雕是一个个敦煌风格的飞天。

这殿，这院落，这装饰等等的，也真是新。看过大院右前侧的缘起牌才知道，它也果然新。这个纪念堂，是在20世纪50年代初，中印交好，那烂陀学院院长迦叶波首倡，两国共建。中国向印度政府赠送一份玄奘顶骨舍利、1335卷玄奘译著、一部宋代藏经《碛沙藏》、一份玄奘纪念堂设计草图，并30万元人民币以作修建之资。建是建了，却没建完好，世间种种事端，却使这桩美事拖延到2005年才再续前缘，洒扫老尘，重做修缮。"作壁画、立展柜，示现大师之生平；塑铜像，树碑铭，建钟亭，唱响和平之声"。"受大师风范之感召，华夏各方响应，中国西安大慈恩寺，成都文殊院、大慈寺，洛阳白马寺，赵州柏林寺，无锡灵山实业有限责任公司，上海康宇铜门设计工程有限公司，上海华港国际船舶代理有限公司等，齐聚净资，共襄盛举。"原来赵州柏林寺也有着一份功德。

2006年11月开始修缮，翌年2月落成开光。

果然与缘起碑对着的另一侧，有钟亭一座，悬有铜钟一口。有人已经到了那里，并击钟数声，在这悠扬的钟声中，可见玄奘会心的笑容。

出了大门，在相机上浏览刚刚照的照片，发现那张玄奘负笈行走的像，远处的树梢，正好在他的脚下。这也真的有意思，这么看来，他好像不是行走在地上，而是行走在天上。是的，玄奘法师，一直在这么行走着，走着走着，他就真的走到天上去了。他似乎越走越远了，不回头后顾似的，不免让人生出几分怅惘。其实，再仔细想，天在哪儿呢？天在地球上方，而地球呢，却也在天上。其实我们也是天上的人物，就像佛说的，"一切众生皆有如来智慧德相"，我们只不过执著、颠倒，没把自己弄明白罢了。

竹林佛影

"诸法因缘生，诸法因缘灭。"初转法轮时佛这样说，到他涅槃时，他还是这样说："诸行无常，是生灭法；生灭灭已，寂灭为乐。"

下午到的竹林精舍，这个地方原在王舍城北门外，如今这里也到处是树，不知是在城里还是在城外。我们下车之后，有几个小贩一直跟着我们，他们的手臂上挂着一把把的珠串之类。价钱不贵，且还可以商量。

竹林精舍依然是一个大的园子，有门，进去之后，诸竹丛中，先见几间白色的房子，应是近年新建，有一间屋子里面供着一尊佛像，除此之外也没见到什么遗迹，好像这是迄今为止我们看到的最没有历史遗痕的地方了。倒是那一蓬蓬、一簇簇的竹子，最为引人。这些竹子虽然蓬勃，却也有一种沧桑感，像是从佛陀时代就一直长着的。佛陀曾经在竹林间经行，那么它们就是证明了。

我们在园子里走，在一个水池边站了一会，望着清澈的池水和周边的树木，缅怀佛陀，怀想他的从容的身影，心里企想着，一回头就碰到他才好。其实不是不可能哦，佛可以化身无数的，说不定你身边的某个人是佛变化的呢，他来试探你是真的喜欢佛呢，还是像叶公那样见了真龙反倒手足无措了。

再者说，佛的清净法身无形无相，正因为无形无相，才无处不在，比如手机信号。若是有形有相的，反而好多地方到不了。笑话说有一个愚人扛着竹竿过城门，难住了。因为竹竿比城门高，更比城门宽，因此进不去。也因此他是愚人。但是即便聪明人，若让竹竿穿过蚂蚁洞则不好说。但让虚空进去倒容易。因为凡孔洞处，都有虚空，就是因为虚空无形。佛陀即与虚空等同，因此说青青翠竹无非般若，郁郁黄花皆是菩提。世界万物无不在佛陀的心里，而世界万物也有着无数的佛陀。就这么你中有我，我中有你，相互映衬相互包容。佛陀的世界，真的是重重无尽。

很容易看出这水池是后来修的，或者新挖的，因为太方正，太整齐。但是，它却代表着原来的那一片水。原来这里有一个水池，叫迦兰陀池。皆因这竹林精舍与迦兰陀长者有关。据说这是他的一片园子，本来是供养外道来着，自从佛陀来到摩竭陀国，他便把外道逐出，把这片园子献给了佛陀。还有一种说法是频婆娑罗王献的。这么说也对，园子是迦兰陀长者的不错，也许正是因为有个笃信佛教的频婆娑罗王，迦兰陀长者才把外道驱逐走的。多了频婆娑罗王这层意思，也许更圆满。

当时佛陀的僧团已经有1000多人，但是他们却没有一个依止的地方，日中一食，树下一宿，便是他们生活的写照。平时还好，只是到了雨季，天天下雨，到处湿漉漉的，且虫蚁乱爬，就有诸多的不便。当然，佛陀和他的弟子们也从来没有把这不便当成不便，便不便是我们的说法。但国王或者长者有此愿心，佛陀也高兴。因此竹林精舍是佛教史上第一座类似于寺院的场所，这个场所也很有规模，计分十六大院，每院六十房，更有五百楼阁，七十二讲堂。想想就很壮观。

佛在这里说了很多部经，佛寂灭后，弟子在此塑造了与佛真身一样大小的佛像。

原想就在水塘边诵经朝拜，突然一阵风，吹下落叶无数。叶落之后，风即止了。我们却决定离开迦兰陀水塘，继续朝里走，终于在一片有树荫的地方，止住了脚，在师父们的引领下，诵经唱赞，以礼佛陀和他的弟子们。

树林后面，另有两个外国僧人在行走，神态很安详。有那么一霎，时空错落，我把这两个人当成了舍利弗和大目犍连。真的应该是他们。

舍利弗和大目犍连本来就是这个地方的人，舍利弗就住在王舍城的郊外。这个人的天资实在是好，过目成诵，8岁时即能通晓一切书籍。有一次婆罗门教的论师们辩经，8岁的他趁人不备就上了台。主持人训斥他，说这是个严肃的事，小孩子不可乱闹。他说我不是乱闹的，我是来辩论的。结果在与诸论师辩论时，竟是语惊四座，辩倒了在座的所有论师，使人大为惊叹。见到这种情况，国王也欣喜，当即赐给他一座村庄。他20岁上拜婆罗门的删阇耶为师，并与同学大目犍连结为好友。师父的讲解或者说婆罗门的教义已经不能满足他们俩的渴求，他与大目犍连有约，说谁要是遇到高人，得到甘露味，一定要相互告知。

这天舍利弗在王舍城里行走，看到了正在托钵的佛陀的弟子阿说示。阿说示比丘的庄严和沉静吸引了舍利弗，他想这个人肯定是个得道的，于是就在后边跟着。吃饭的时候，舍利弗把自己的水壶递过去，恭恭敬敬问道："您是谁？谁是您的老师？您的老师怎样教您？"

阿说示比丘说："我是阿说示，我的师父是佛陀释迦牟尼，师父的教导很多很深，我也不知怎么能传递给您。"

舍利弗说："简约说即可。"

于是阿说示说了四句偈语：

> 诸法因缘生，
>
> 诸法因缘灭，
>
> 我佛大沙门，
>
> 常作如是说。

只这四句，舍利弗听了，心地竟是一片光明，立即证得初果。

舍利弗回去之后，大目犍连见了，马上感觉到了一个不一样的舍利弗。他急忙问："你遇到了谁？是不是得了甘露味、真消息？"舍利弗点头称是。大目犍连让舍利弗快把听来的法告诉他。舍利弗把那偈说了。大目犍连说："请再说一遍！"舍利弗再说一遍，大目犍连一下子也证得初果。

二人于是率250位弟子一起到竹林精舍来皈依佛陀。

突然阿曼说，这里出土了一尊石的佛像。

明影师问，在哪里？

阿曼说，就在一进门的地方，几间房子那里。

莫非说就是那尊在佛陀灭度后弟子们塑得与佛真身同样大小的佛像么？阿曼说是。于是我们朝回走，到那个地方去拜谒佛陀。

小贩们跟着，示说着商品的种种好。我突然想到一个孩子，一个叫弘毅的小女孩，我朋友家的。她是个极聪明伶俐的孩子，刚刚上小学，能背那些很长很长的唐诗，问题是这些唐诗不是特意教的，而是在她睡觉前，为了安稳她的淘气，爸爸或者妈妈给她念，她听着听着就睡着了。但是慢慢的，她竟然就会背这些诗了。有一天，她跟一位诗人坐到了一辆车上，爸爸给她介绍，说这位爷爷是诗人。她说哦，表示知道了，然后突然问："爷爷，您既然是诗人，为什么不生在唐朝呢？"这样的问，极让人生欢喜。这次来印度，她也是知道的，她说我是到佛那儿去见佛了。而每次一说到佛，她也便双腿一盘，双手合十，那份虔敬的样子也是极让人愉悦的。于是我买了一串项链给她，虽然费不了几个钱，但样子却也还好，深红色的不规则的小石头穿成的。不知她喜欢不喜欢，但是我喜欢，我把我喜欢的给她，也就完成了自己的一份心愿。

不过是买了三串，因为还要让小贩喜欢。回到家，另外的两串，一串给了我另外一个朋友家的女孩，一串给了儿媳。其实她们不知道，在这背后还是要感谢弘毅。

手里拿着这样的红色的石鬘，到了佛像处。房间不大，且已经有人在里头。我们这些人就站在外面，对着佛像顶礼。那佛像，本是石头所雕，在他的背后以及石像本身有着两千多年的时光，因此颜色深厚，但是，我们看到的却是金光一片，原来是虔诚的朝圣的人在他的脸上和身上贴满了金箔。

若这尊佛像的大小与当初的佛等量，那么佛也真是很高大，很庄严。但佛像只是佛像，他也曾被埋好多年，有了一个新的因缘才重新出土。

"诸法因缘生，诸法因缘灭。"初转法轮时佛这样说，到他涅槃时，他还是这样说："诸行无常，是生灭法；生灭灭已，寂灭为乐。"是说生灭不灭时，会永在生灭中，而怎么个生灭法？不过是因缘二字。无因不生，无因不灭，但因之外，还要缘作为条件，条件不够，想生也生不了，想灭也灭不掉。

举个人人懂得的例子，种了二亩麦子，不种，不收；因为有因才有果。种麦是因，收麦是果。但是，若是缘不够，也不一定收。因为在种与收之间，还需要好多的条件，这条件便是缘。烧水、施肥、管理等等的，都到位，才能见到丰收。因此，在因果之间，并不是一片随意，而是要有一份积极在。随时随地加好的缘，不要加坏的缘，以让事情向好的方向走。这是佛法么？是。这是世间法么？也是。"佛说一切法皆是佛法"，佛在《金刚经》上这样说。有人说佛法消极，那定然是没接触过佛法的人说的。

　　白房子周围，是最能代表竹林精舍的竹子，但这些竹子并不成林，而是一簇簇的，无数根组在一起，非常非常粗的一个圆筒状。到了上方，那些竹子均匀四散，像花那样绽开来，像是谁规定成这样的，但是又没有谁来规定它，不像中国的冬青都要用剪刀来规范，但是它们就长得这样有意味。不知道别处的竹子是不是也这样，若不是这样，那精舍本身就是一个缘。或者自然水土的因缘，或者干脆就是人文的因缘。记得那年在孔庙，看到龙形的柏，只一株，别的柏则不是。据说则是哪位皇帝的一个因缘。还有那里的柏树上，落的是白鹭或者喜鹊，麻雀之类则与之无缘。有有形的因缘亦有无形的因缘。因无形，于是不可捉摸。

　　明影师说，这个地方的竹子是有意义的，于是该照相。我便来给明影师照相，以竹丛作背景，以精舍的历史作远衬，而佛陀就跟竹子跟时空一体。镜头里是明影师的庄严，而明影师的心亦是一个镜头，那里不用说，定然是佛陀的清净法身。

每个人的灵鹫山

此是灵山也不是灵山。若说是灵山，那有谁见了佛陀？若说不是灵山，那么它是什么？佛在灵山莫远求，灵山只在汝心头。

其实在王舍城，圣迹多多，每个地方都该去，只是时间不够。但时间再不够，那个第一次结集佛经的七叶窟还是该看一看，看看阿难从容进入的锁孔到底是怎样的。大小无别，这是一个实例。大小远近还有男女的无分别，在《维摩诘经》里有演示，简直让人不可思议。但在吠舍离，也没见到维摩诘的旧址，那里的渴想已经只是渴想，这里的渴想也只能是渴想，七叶窟到底去不成了。

车驶出了王舍城，两边的山上出现一道起起伏伏的石墙遗址，阿曼说，你看，左边右边都是的。这便是阿育王修的长城么？并不如想象中的宏阔。也是，看过了中国古长城的人，别的地方的都不会入眼。

下一个地方是哪里呢？菩提迦耶，佛陀成道的地方。一个人，与我们同样的一个色身，竟然按照自己的意志，不靠任何外力，将生命升华到不可思议的地步，这也太叫人感叹。到这样的一个地方，看这样的一个人留下的证明，连想一想都激动。只是这些天来，让人激动的地方太多，"迎接都不暇，一岭是梅花"，于是把自己安顿在幸运和幸福中。我想不只是我，好多人都会这样的。

就要离开王舍城，作为柏林禅寺来的朝圣团，不须回头，灵鹫山上的那枝花还是在心头亮着，所有的行程都被它照出了好颜色。因此车驶出山口之后，自然而然的，明影师就把话题引到灵山。他说，如果写文章或者日记，那么这一篇就应该叫《亲到灵山》。是的，亲到灵山，这是多少人多少辈子的梦想呢？只是仅有梦想没有缘分来不了。正当我们庆幸自己，终于遇此殊胜机缘，亲叩灵山石嶝时，这时明影师却发一问："我们是不是真的到了灵山呢？那个像鹰鹫的山头即是灵山么？"这一问，如同临济和尚当头那一喝，让人身临悬崖，有着一脚即会踏空的危悬。但是，他毕竟来自柏林禅寺，赵州茶的温润、绵软、宽厚和浸入功夫他还是会的，于是，在停留了片刻之后，他自问自答："此是灵山也不是灵山。若说是灵山，那有谁见了佛陀？若说不是灵山，那么它是什么？佛在灵山莫远求，灵山只在汝心头。会的了这个，才能见到长住不坏的灵山。证得我、法二空，才能见此境界。此境界乃净土中心，与此山不是两回事，也不是一回事。"他愿大家将禅与大乘经论一起参修，解行并重，精进不已，会有那么一天，真的见到灵山境界。

到此我们才知，明影师讲的"亲到灵山"，有着更深的含义。由此一句，得窥明影师殷切之心。

是的，我们亲到了么？如果没有亲到，那么到了的是谁？如果是亲到了，那么见到了个什么？这样一问，心里会发紧。

不过，也先不要苛责自己，即便是这样的一次朝觐，来过与没来过还是不一样的，来前与来后也是不一样的。灵山一人一个，各自带着回去，有此灵山在，就相信就会有真的"亲见灵山"的一天。

路上的时间是漫长的，而大家的心有了灵山的浸透，自然就有着过去从来没有过的喜悦。于是，谁都想说点什么，但说什么呢？心灵上的掺杂也许比平时更多，似乎无论怎么表露也不对，但不表露却又对不住这次机会，于是有人说话了，把心里的东西拿出来与大家分享。在这样的时候，人都是无私的了。

北京的立立说了她的事业，她的家庭，事业的好加上家庭的好，说到他的先生，他的儿子，都是天下第一等的契心合意，在这样的宝贵时刻，统统贡献出来。她说其实这都是学佛的好，是三宝给了他们和谐和明亮。于是，深谙昆曲三昧的她禁不住要唱一曲，于是便唱了：

> 昔日有个目连僧，
>
> 救母亲临地狱门。
>
> 借问灵山多少路，
>
> 十万八千有余零。

她也真唱得好，这样的句子也合时宜。

立立的婉转之后，是文海的敞亮。他说自己的学佛因缘，是在西藏，被藏族人的洁净和无私感染，被那样的一种氛围所侵润。一个藏族的朋友，为表达自己一份内心，把自己脖子上一串象牙的珠子一下子就挂到文海的脖子上了。文海也不懂它的价值，后来一问，有人马上掏七万。这样的故事，这样的直心，文海是感动的，大家也是感动的。

文海感叹过后，却说自己的学佛心未能做到念念相续，有着好多的随意。

其实文海却不知道，他的一句话已经影响到了一个人。还是昨晚在宾馆，他与张玉欣偶然遇到，说话间，文海说："你很灵敏，你真的很灵敏。可是你今天与大家分享的发言里头，有多少个我呀？"

就这一句，张玉欣就有大受用。是呀，干嘛有这么多我呢？这个我是谁呢？如果不知道这个我是谁，那么每天吃饭睡觉说话做事等等的，都是谁来做呢？活了五十多年，第一次想这样的问题，一想，就让人生惭愧。

事后她对我说，跟文海一点也不熟，却这样慷慨。

文海发言时，我便想，他这一句话比那串象牙珠子又如何？

这次出游，文海和念慈有着很多的辛苦在里面。他们从北京跑到石家庄专门来给大家登记，大家问这问那，让他们跑这跑那，一点也不顾惜他们的劳累和感受，都以为他们是旅游公司的，有着自己的一份利益呢，闹了半天却是义工。做的是义工的工作得到的却是义工所不该有的误解。这也便是他们。

还有，这次朝圣的最初发因，是念慈等人引导阿曼来柏林寺的结果。阿曼愿意来做这样一件事，明海大和尚也愿意做这样一件事，两两相得，因缘就有了。这之后呢，好多的具体事项好多的琐碎和麻烦，便是念慈他们的无怨无悔了。

大家给念慈、文海这些"旅游公司"的鼓掌。

二组组长王文鹏，来说他的学佛因缘：他的一个小师妹信佛，每日读经。文鹏自以为明白，学问地位都有，见别人陷到泥坑里有责任拉一把。于是他与小师妹辩论，却难以说服对方。为了以子之矛，攻子之盾，他便把师妹读的佛经要过来，以便找破绽。这一读，便把自己读进去了。

一次听一位老居士说，柏林寺要打禅七，就把电话打到客堂。问客堂师父带什么？师父说："不必带什么，人来了就好了。""人来了就好了"，这样的一句软语，却成了牵引他的一道条索。于是他就从关外的吉林，千里迢迢来到赵州。赵州塔前一合掌，泪水就下来了。

这个王文鹏，从此之后学佛日益，精进不止。他是两次皈依，两次受五戒，两次受菩萨戒，由此可见其笃诚。

在学佛过程中，人就彻底变了。原来是个争强好胜的，是个不服输的，是个愿跟别人较劲也常跟自己较劲的人。学佛之后，人善了，心软了，眼宽了，事也干得好了，知道怎么活着是对的了，也知道怎么修行了。他说，起心动念就是修行时，如人牧牛，紧挽缰绳，不可放逸。

王文鹏说，他是天天要读菩萨戒，读《遗教经》《普门品》……

王文鹏真是时时在修行中，这些天来，没见他多说一句话，没见他少走一步路。在每一处，每每遇到乞丐，他都是慷慨的。

张玉欣，昨天讲了无数个我的这位，又把话筒拿到了手上，这次她本想不哭的，但一见坐在前排的师父们，她又流泪了。她说她止不住。她说在灵山，见到了那些乞丐。他们是乞丐么？其实我们才是乞丐。从心灵上来说，也许我们比他们还穷。唯有法布施，才能使人真正富有。因此感念师父们，这些为了佛法舍弃了家庭和世俗贪爱的人，真的让人尊敬……

这是在说灵山，每个人的灵山。说的与不说的，其实都在说，都在以自己的方式说。经过灵山的洗礼，在自觉与不自觉中，自己已经变化了，或者正在变化着。

车窗外，树木葱茏，阿曼说，菩提迦耶就要到了。

第六步　菩提场上的生命演绎

塔里的时间和空间

在这里，感觉到了一个大的摄受力，心沉浸在一个氛围里，不起波澜。一切的时间和空间，在这里融为一体，既是无限小，亦是无限大。

菩提迦耶是佛陀成道的地方，是三千大千世界慧命之所在，因此人人向往。到菩提迦耶时天已傍晚，到宾馆门口下车，把东西拿到房间，不吃饭，先去菩提场。阿曼已经说过，菩提场有菩提树、金刚宝王座和正觉塔。到我们再坐在车上时，每个人的脖子上就有了一串花鬘，这是宾馆的赠与。

菩提场这地方太隆重、太庄严、太宏大、太不可思议，因此真的不知道怎么说清当时的感觉。记得当年第一次到北京去，也是有着很深的向往。坐在汽车上走，走，突然一片房子，说北京到了。当时即想，怎么这个地方就是北京呢？它与别的地方有什么不同呢？北京是什么呢？是这片房子么？不是这片房子么？但却知道这里即是北京了，虽然那知道也朦胧如梦境。如今到菩提迦耶，却连这样的想法也没有，虽然没想法，但却与平时不同，说是神圣感？似乎不是。说是亲切感？似乎也不是。但心里知道一个地方到了，这个地方其实在心灵深处。多少辈子也没人说破，因此它也不浮现，像一条鱼那样潜伏在深水里。如今它浮上水面，却也不让人惊，似乎本来如此。也许越是巨大或者深刻的东西，反映到外面来反而没有什么。

在去菩提场的路上，大家都沉默着，都等待着，等待一个将要看到的神圣所在，这是一个巨大的悬念，因为巨大，反而模糊。其实遥遥地已经看到了那高耸的塔，那是唯一以天做背景的建筑物，不用说那就是菩提场上的正觉塔。由于天色暗了，塔的颜色也暗了下来。这种朦胧，似乎加深了它的神秘感，因而更加渴望。在此时，在此地，有这么一个塔出现在这样一群人眼前，真的是天地机缘，错了任何一念都不会是。因此要感念、感恩，感恩自己和这个宇宙。

也就十分钟的车程就到了大门口。大门口向西。说是大门口，其实也没有门，它应该是菩提场北面的一个小广场。但有一个高大的石柱，上面塑有法轮，法轮两边，各有一只鹿相对而卧。这是一个标志，朝圣从法轮开始。石柱外是车是人，石柱里熙熙攘攘。灯光已经点亮，好多的地摊或者条案，摆满了琳琅满目的商品。这是这多天来第一次遇到这样如集市一样的场面，当然所有的商品都与佛陀或者朝圣有关，比如鲜花和佛像，录像机里放着佛陀圣迹的录相，音量似乎也已经到了最大。我想到了中国的庙会，经济和文化都因庙而会。为什么？人的灵魂需要慰藉，更需要提升。

这样一个地方，三千大千世界的依据所在，世界各国的人都来朝圣，这是看得见的，肉眼之外各类生命性灵相信会更多。因此在菩提场旁边有理由有这样一份热闹。

右侧是高高的铁的围栏，里面即是菩提场。围栏下一个个摊位都是鲜花，红的黄的灿烂一片，摊主也如鲜花般艳丽。自这花摊前向东走，来到一个不大的门前，有管理人员站在这儿。拐进去后，立即肃静起来。门外即是嚣嚣尘世，门里却是朗朗乾坤。进门后，第一件事是先把鞋脱了，东面有一些房子是专门供人们放鞋的。人们赤着脚，把队排起来，依次向南行走，夕阳已经不在，但地面依然温热。右侧继续是围栏。

队伍由明仰师引领，步步安详，人人垂目观心，如孔子弹琴，拂弦之前，先正其意。到了菩提场入口，转身向西，正好对着正觉塔。塔是高的，菩提场是低的，四面是高栏，有台阶通下去，很长很长的台阶，大概有四五十蹬。走在这台阶上，可以看塔和塔的周围。主塔，还有辅塔，均为尖顶，主塔直插云天。塔的远近四周也全是塔，大小不一的，高低不等的，各式各样的，布满菩提场。

台阶下是石砌的甬道，可以直接通到塔内。

时而仰望一下，塔的上空是星空，远无际涯。而更远无际涯的是塔内，因为在甬道上就已经看到了塔内的辉煌，一尊佛坐在辉煌里。有好多的人在那里，我们的队伍径直向着塔内走去。一个石的宽阶迈过，再有一道阶，就到了塔的中心。这里的空间并不大，却是光明无量，金身佛像披着大红袈裟，手结降魔印。袈裟上置一银钵。佛像庄严、清净、圣洁，却又极亲切，虽极亲切却又不像老祖母那样可以依偎或者触摸。这也好比天，天高大辽远却不生疏，与每个人都亲，却每个人都不得依偎和触摸。

为什么塔内更加远无际涯？因为佛行的是内求法，佛陀从出家以来，求的都是自己，他的无上正等正觉，不是靠父王的权势得来，不是靠家族的豪华得来，不是靠贵人的庇护得来，也不是靠了朋友的帮助得来，而是靠自己，他只是将自己的心静止下来，纯净起来。他是不修而成，人人佛心本具，只是被妄心所遮蔽。歇妄心只能是歇自己这里的，与旁人无涉。一次在真际禅林打坐，有一位老者抱腿倚墙。净慧老和尚就说了，不要以为靠着点什么很舒服，时间长了会出问题。直起身子坐好，不要靠，没什么可依靠的，谁也靠不住的。老和尚就这样一句话说到底。佛为了静自己这颗心，把所有的东西都放下了，权势、名利、家庭、亲情、锦衣玉食……真正做到了心无挂碍，有一点挂碍也跳不出三界外。当年有一位金碧峰禅师，修得非常好，常能入深定。阳寿将尽之时，鬼卒来拿他。此时他恰在禅定中，鬼卒看不到。于是问城隍："金碧峰不是在这寺里么？"城隍说："是在这寺，但是他入定了。"鬼卒说："那我咋办？"城隍说："我也没法。但我知道他喜欢他那个玉钵，你一动玉钵他就会出定。"于是鬼卒把金碧峰的钵拿到手，轻轻一击。果然金碧峰的心动了，心一动，就出定了。鬼卒不敢怠慢，一下子把锁链套在金碧峰的脖子上。金碧峰一看面前站着的鬼卒，立即就明白了。就因为这点牵挂，六道没脱开，阎王还记得他。到底是禅师，一下子悟到贪着的可怕。他对鬼卒说："你来捉我，也不在乎这一点时间，你能不能把这玉钵再让我摸最后一回？"鬼卒想，锁链已经套在你的脖子上了，还能怎么样？于是把钵给了他。金碧峰接过钵，看也不看，猛把玉钵掼在地上，摔得粉碎，说偈道："若想捉拿金碧峰，除非铁链锁虚空。若能锁得虚空住，再来拿我金碧峰。"说完此偈，金碧峰就如挣脱蛛丝的一只蝶，翩翩而去。

因此，解脱的前提是没有粘缚。

后来知道，这正觉塔高52米，方锥形，由硬质砂岩雕造，外面看起来是九层，里面却是两层。四个角这里有四个辅塔，与主塔一起向着天空。底层四边各长15米，顶部为圆柱状，上立一个铜制螺旋形圆顶。塔壁四面刻有佛龛、佛像，雕镂精致。我们进塔的那面是东面，其余三面有60余根高两米的石柱围着。

这塔亦是阿育王所造，但据说原来只是一个小精舍。传说有信奉婆罗门教的兄弟俩，事奉大自在天。听闻大自在天在雪山中，兄弟俩便去求愿。大自在天对他们说：凡诸愿求，有福方果，非汝所祈，非我能遂。意思是，一切愿求，你有福分才能得到。单凭你求也不行，单靠我给也不行。婆罗门问："那么怎么修才能得福呢？"自在天说："若要植善种，求胜福地，可往菩提树佛证果处，在那里建大精舍，凿大水池，当得大福。"这对兄弟便发大心，于是兄建巨塔，弟凿水池，广修供养，勤求心愿，后

菩提场，佛陀成道的地方

菩提树下的朝拜

正觉塔内的佛像

夜间的正觉塔（上图）

正觉塔塔壁刻有佛龛、佛像（下图）

点亮心中的灯，光明遍照

菩提场内朝圣众（上图）
菩提树下的冥想（下图）

佛的足迹（上图）

菩提树下的金刚宝王座，佛陀在此成道（下图）

苏佳塔的塔。苏佳塔是一位牧羊女，完成了世界上最伟大的奉献，将一碗粥施与了佛陀，成就了佛陀

苏佳塔村的打麦场与花树

皆果遂。这虽是传说，却有道理在。

　　据《大唐西域记》载：兄弟俩修好塔寺，即招募工人来塑佛像，但是好长时间不见有人前来应召，没人塑得来。终于来了一位婆罗门，他说他善塑如来妙相，只要给他一些香泥，并一盏灯，把他封在里头，六个月后才可开门。于是就按他说的做了。但是，还差四天不满六个月，众僧有点等不及，就把塔门打开了。只见塔内佛像俨然，结跏趺坐，右足居上，左手敛，右手垂，面东而坐，肃然如在。座高四尺二寸，宽一丈二尺五寸，像高一丈一尺五寸，两膝相去八尺八寸，两肩六尺二寸。相好具足，慈颜犹如真佛，只是右乳上还有一点彩没涂好。却也不见那塑像的人。有一个沙门僧在梦中见到了那位塑像的婆罗门，婆罗门说：我是弥勒菩萨所化，恐怕工人塑不出佛的真容，因此我亲自来塑。众人听说这事，都感佩不已。于是在没有涂好的右乳上镶嵌上一些珠宝。

　　在正觉塔内看佛像时，果然发现佛像右乳上方饰有珠宝，虽有袈裟，也遮掩不住那光芒。

　　但这佛像也是几经磨难。在五世纪末，东印度的羯罗拏苏伐剌那国国王设赏迦，信奉外道，邪心毁佛。他先伐菩提树，然后又想毁坏塔里的佛像。看了佛像后，被其庄严所畏，有点不敢。回到王宫命大臣前来毁灭，并要换上大自在天王的像。这个大臣很害怕，他知道毁佛像会招致祸殃，但违背王命会丧身灭族。两难之间不知该怎么办，后来就在佛像前垒了一道砖壁，在砖壁上画上了自在天王的像。回去报告说，任务完成了。设赏迦王心生恐惧，遍身生疮，肌肤寸寸开裂，很快便死了。大臣赶忙返回菩提场，把佛像前的障壁拆毁。

这塔倒是没有大碍。只是到了13世纪，外敌入侵，伊斯兰军团攻占这里时，怕他们毁灭此塔，人们便用泥土把这一带掩埋起来，伪装成一座小山。此后的600多年，此塔隐没于荒丘蔓草之下。1870年开始陆续挖掘出来，经过大幅整修，大塔得以重见天日。

此时的我们，一心正念，也没有心思注意其他。在佛前，诵《心经》三遍，唱回向偈。此前所有的渴仰，在佛前化作流水。如黄河溯源，虽只汨汨一脉水，然而这就是了。

在这里，感觉到了一个大的摄受力，心沉浸在一个氛围里，不起波澜。一切的时间和空间，在这里融为一体，既是无限小，亦是无限大。当年我跟我爹种千穗谷，一粒谷，多大呢？两根手指捏着没感觉，似乎小到不能再小，小过芥子。然而它生出来，却能长成一米多高的一大蓬，从春长到秋，能长好多好多的穗。因此这一粒谷，包容了时间亦包容了空间，既包容了过去亦包容了未来。由此我想，这正觉塔，这塔里的佛，于宇宙时空的意义就如那一粒谷。

不想离开这里，却又不能不离开，甚至连时间都不能太长，因为等着来朝拜的人很多。佛是大家的。于是我们出来，这时，四处的地灯已经把正觉塔照得一片通明。由于太亮，深深的苍穹中唯剩一月。

菩提树下的冥思

想象当时情形，彻悟之时，正是夜间，树影婆娑，繁星浩瀚，漫漫时空，无边无际。佛陀却让他的心充满宇宙，或者说宇宙时空全部集于佛心。他在思维宇宙间的所有事物，其中最关键的因果关联。他要解开这个因果链。

出了塔门右绕，向南、向西、向北，绕到塔的正后面，这里是菩提树和金刚宝王座的所在。

菩提树和金刚宝王座被铁栏杆护着，顺着菩提树的主干向上仰望，只见苍穹为底，交错着菩提树或粗或细的枝丫，菩提树叶并不多，正有半块月亮在树的上方，使得天空更加深邃。我举起相机，向着天空，有一柄树叶非常清晰地进入镜头。又特别对着月亮照了一张，当年佛陀睹明星而悟道，如今这明月亦可以来作证明。

瞻仰过菩提树，尔后我们来到菩提树的北面，在这里礼佛之后，静坐冥思。静坐之前，我把脖子上的花鬘挂到围着菩提树的栏杆上，以敬佛陀。

面向菩提树，席地而坐，当年佛陀在树下，面向东方，跏趺而坐，我们等于是坐在他的左侧。可惜他不在。可是，他的这个不在，却不同于我们凡夫。其实他依然在着，不仅这棵菩提树下，也不仅所有的菩提树下，而是所有的空间和时间里，他都在。"如来者，无所从来，亦无所去，故名如来"，这是他在《金刚经》上告诫我们的。

想象当时情形，彻悟之时，正是夜间，树影婆娑，繁星浩瀚，漫漫时空，无边无际。佛陀却让他的心充满宇宙，或者说宇宙时空全部集于佛心。他在思维宇宙间的所有事物，其中最关键的因果关联。他要解开这个因果链。据巴利文《律藏大品》记载，佛与此时，作这样思维。

初夜时分，世尊思维顺逆十二因缘：无明缘行。行缘识。识缘名色。名色缘六入。六入缘触。触缘受。受缘爱。爱缘取。取缘有。有缘生。生缘老死忧悲苦恼。无明灭即行灭。行灭即识灭。识灭即名色灭。名色灭即六入灭。六入灭即触灭。触灭即受灭。受灭即爱灭。爱灭即取灭。取灭即有灭。有灭即生灭。生灭即老死忧悲苦恼灭。

世尊当时说："精进思维，婆罗门众。明白正法真实之义。诸般疑问，一时尽消。即知万法，皆是缘生。"

中夜时分，世尊又思维顺逆十二因缘。思维完毕，世尊又说："精进思维，婆罗门众，明白正法真实之义，凡诸疑问，一时尽消。即知因缘，皆有尽时。"

后夜时分，世尊又思维十二因缘。思维完毕，世尊又说："精进思维，婆罗门众，明白正法真实之义，彼则能败魔王大军。犹如朝阳，光耀天际。"

如乱线麻团，有了头绪，便可解开。关键是，人自己也在乱线团中，自己把自己缠得死死，不在局外，怎么能解？

佛陀舍下了，把自己择到是非之外，局外观局，生死脉络渐渐清晰。

是不是这样呢？佛心广大，等如虚空，莫可揣摩。只是我的心，虽在此静地，也仍如乱麻，难以静下来。树下左近有蟋蟀声，一句跟着一句；胳膊周围有蚊子来扰，其声微细；周围有人声走动，再远处有诵经声，不知是何国语言；还有大街上传来的汽车喇叭声；再有是狗叫，此伏彼起。这些声音，由于这特殊的地域，也不嫌其嘈杂。"溪声便是广长舌"，一一音声海，似都在诵经，亦都在说法。"佛说一切法皆是佛法"，因为万事万物，都在生灭中。声尘亦是，生起来，灭下去，没有个止息。

这菩提树本名荜波萝，当年也不过是众树中的一种，只因为佛陀在此树下打坐，彻悟成佛，凭此一大因缘，遂称为菩提树。菩提者，觉悟也。树因佛而贵，因佛而奇。

菩提树竟也多次生灭。阿育王未信佛时，信受外道，毁佛遗迹，曾派士兵将此菩提树的根茎一寸寸截得很碎，堆积在数十步外，让事火婆罗门燃烧，用以祭天。谁知烧到一半，猛火之中突然出生两棵菩提苗，绿叶青枝，阿育王见了，深自悔过，当即用牛乳灌溉被砍的菩提树余根，到第二天，菩提树竟又生了出来。从此以后，阿育王常来亲自供养。这是一次。

再说阿育王的王妃，也是个信外道的，由于阿育王信佛之后，常为佛事奔波，到处竖石柱、建法幢，恢复佛迹，菩提树这里更是多有顾恋，疏淡了家室。王妃迁怒于菩提树，半夜里派人前去砍伐。阿育王见到菩提树被砍，非常悲伤，深心祈请，再以牛乳灌溉，不日又再长回原状。再后来，便是那位恶王设赏迦，又是毁灭佛像，又是砍伐菩提树。他想要彻底根除，伐倒树后，还要深刨树根，但是一直掘到地泉涌水，那树根犹未挖尽。气急败坏的设赏迦王，又用火烧，用甘蔗汁浇，欲让其根腐烂。数月后，阿育王的后裔满胄王，听闻此事，叹曰："慧日已隐，唯余佛树，今复摧残，生灵何睹！"哀伤不已，用数千头牛的乳汁灌溉，经过一晚，树又复生，高一丈多。

但我们现在见到的这株菩提树，还不是复生的这株。当年阿育王的儿子摩哂陀到斯里兰卡传授佛法时，让其妹妹僧伽密多比丘尼在原菩提树上分了一枝，带给斯里兰卡。斯里兰卡国王为迎接这只载着菩提枝的船，从岸上向着水里走，一直走到水没到脖子。到了19世纪，西方人在此考古时，不慎把菩提树弄倒。只好从斯里兰卡的那株树上，又分一枝回来，重新植在此地。

一株菩提树，几多生灭史。正是它的生灭，说明了生灭法的不生灭。

蚊虫又来扰，想着不驱赶，但又禁不住驱赶。佛陀当年亦有蚊虫，它们扰佛陀么？它们当然扰佛陀，只是佛陀不为所扰。蚊虫不算什么，围在佛陀周围的是魔王的千百万魔军。当时，佛陀走到此树下，接受了一个刈草人供养的香净软草，然后结跏趺坐。坐定之后，发大誓愿："我今若不证得无上菩提，宁可碎此身，决不起于座！"就这样入深禅定，作深思维，七七四十九日。其间，波旬魔王与他的千百万魔军，前来干扰。他们不愿意有人成佛。因为人之所在的世界，属于欲界，靠欲望支撑。人在欲望中活着，活在欲望里。正是欲望让人生死流转，不得解脱。所谓魔王，不过是欲望代表。人心炽热，欲望难熄，以魔为王。我们都是欲望的奴隶，是魔的子孙。若说走火入魔，我们本身是，又朝哪里走？按说，有个把人成佛，也不算什么，魔王还愁子孙不够多么？关键是，有了佛之后，就会有佛法，佛法会让人们从迷梦中醒来：熄灭欲望，即得清凉；识得真心，生死即了；从此轮回阻断，不再被欲望所迷，人人持有极乐世界的绿卡。这于魔王来说不是太可怕了么？因此魔王见不得这个，必须破坏掉。

为了扰乱悉达多的心，使之不能入定。魔王搅动风雨雷电、飞沙走石，使之不时袭来。这些对于常人是事，对于悉达多则不是事，微笑中，不起于座。

为了乱悉达多的心，魔王无所不用其极。他化作了悉达多家乡的信使，前来报告：说是悉达多的堂弟提婆多囚禁了净饭王，篡位夺权，并霸占悉达多的妻子为后妃，倒行逆施，生灵涂炭，您须救释迦族。这一招很狠，谁无亲情之念？老父被囚，家国遭难，心能不动么？悉达多却不动。世界一切，生生灭灭，无不是欲心所使。因此须断除欲心、诤斗心、杀害心。仁心不杀，宽心不斗，舍心不贪。眼前所有一切，都若门前流水，生灭无常。因此悉达多不为所动。

波旬又派美女前来引诱悉达多五欲之心，眉媚言谄，娇面柔肢，百般诱惑。悉达多深心寂定，面目恬然，犹如出水莲花，清净无染，美女羞愧而退。这也如宋代诗僧道潜。一日，苏东坡遣官妓向道潜求诗，意在挑逗。道潜笑作七绝："寄语巫山窈窕娘，好将魂梦恼襄王。禅心已作粘泥絮，不逐春风上下狂。"

波旬魔王见此种种失败，决意以武力来坏佛事。他令夜叉、罗刹等恶鬼神及八十亿魔众，各使刀枪剑戟，嚣嚣前来。但悉达多心不起嗔恨，所有刀剑如刺虚空。魔王心虚，疑心向佛。佛说："你于前世，作一寺主，受一日八戒，布施辟支佛一钵之食，故生六天，为大魔王。而我于阿僧祇劫来，为众生难忍能忍，难行能行，种种布施无量无边。你怎么能与我比输赢？"波旬问："你这么说，谁能证明？"悉达多以手指地，说："大地可以作证！"此时大地六种震动，地神负宝瓶而出，佛历劫所做布施：头目手足、象马车乘、珍宝宫殿等等，遍满大地。见此情景，魔众不战而败。

此时天雨妙花，五彩缤纷。在此须臾一念心间，佛陀演示从人到佛的全过程，为将来成佛者指明路径：意已清净，诸漏不动，进于初禅；静然守一，专心不移，进入二禅；安稳心中，欢喜毕具，而得三禅；心不依善，亦不附恶，无苦乐志。正在其中，寂然无变，证得四禅。证得色界四禅后，进入种种神通境界，天眼审视，天耳倾听，宿命观察，多生多劫，无量无边轮回情景，一一现前。观察十二因缘：无明灭则行灭，行灭则识灭，乃至老死灭。深入思维，证四圣谛。诸漏灭尽，心得解脱，而生慧解脱。到此时，生死已除，种根已断，智慧已了，所做皆办。明星出时，廓然大悟，得阿耨多罗三藐三菩提，意即无上正等正觉。

佛陀彻悟后的第一句话这样说："奇哉，世间一切众生皆有如来智慧德相，只因颠倒执著未能证得。若离妄想，一切智，自然智，即得现前。"他一下子为我们证明，我们也是佛，所有的众生本质上都是佛。在这句话面前，所有的迷信破除净尽，一切的迷魂得到了依归，从此愚痴者有了聪慧的企及，烦恼者有了解脱的希望，漂溺生死者有了抵达彼岸的船筏。

为此我们感恩佛陀，为此我们庆幸自己。

此时是三月十五日，天心月圆。

心中的灯

内心的荒昧需要心灯一盏，佛陀点亮的恰是心灯。有此一盏心灯，三千大千世界的众生就有了光明。佛陀的灯亮着，智慧便是他散发的光芒。我们来这里，是来引燃自己的心灯的，引亮一盏，再引亮一盏。

坐了一个小时，引磬声起，我们起坐。然后，围着菩提场右绕。见到有人还在磕长头，站起来，匍匐下去，站起来，匍匐下去，真正的五体投地，不知疲倦。他应是西藏来的喇嘛，紫色僧衣让人沉静。还有一个人正在一棵树下整理他的帐篷，那小帐篷仅可容身。他大概是只身万里而来，也许是另外一个国家的玄奘，他在这里大概是想彻夜打坐。而我们刚才打坐的地方，早就有了新的一拨人，在做礼拜。

此时的菩提场灯光灿烂，各处的塔都放着光明。我的相机也许是有问题，在有灯光的夜间，照出来的东西往往出人意料，所有的光都成了一条条的彩带，而这彩带形状没有一定，真的是奇形怪状，流光溢彩，万象缤纷。而人和物似乎要被这光彩所化解，因而模糊或者透明。这也很好，在此镜头下，菩提场如梦如幻，说是人间更似天上。

更有神奇的，在这夜色中，老史和倪从钧的相机，均照出了非常奇妙的照片。那是菩提场的夜景，或者正觉塔影，可见漫天的都是白色的圆点点，大的小的。后来倪从钧告诉我，那是曼陀罗花，只有佛的大的坛场才有。

曼陀罗，梵文为mandala，意译为坛场，指一切圣贤、一切功德的聚集之处。但同时亦有一种花也叫曼陀罗。《法华经光宅疏》：曼陀罗华者，译为小白团华。摩诃曼陀罗华者，译为大白团华。《慧苑音义》说：曼陀罗华，又曰杂色华，亦云柔软华，亦云天妙华。

当年佛成道时，天雨妙花，其中就有曼陀罗。

能在照相机里出现，这也真奇妙。

我们绕过到正觉塔南面，那里有一个用围栏圈起来的一个院子，院子的南面是一排房子，房子不高，玻璃为墙。只见里面一层层一排排，点亮着无数灯盏。我用相机照了，却如彩色瀑布一般。

我们来这里的目的是来供灯，将一万盏灯供养佛陀。

灯盏，其实是很奇妙的。本来是黑夜漫漫，突然有了一盏灯，四周的夜色就消弭掉了。有了灯盏，夜色就不可怕了；有了灯盏，虎狼就不可怕了；有了灯盏，鬼魅就不可怕了。这些东西都怕灯。凡是见不得光明的东西都怕灯。其实灯盏不是别的，而是火，火无定形，火无定相，没有谁能给火一个标准，一个规范。火虽无定形定象，却通体光明。

火是怎么生出来的呢？且听佛陀在《楞严经》中怎么说。佛陀对阿难说："阿难，你看城中还没吃饭的人家，准备做饭时，手执燧镜，在日前取火，点燃艾草……此火是从镜中而出？是从艾草里出？还是从日头中来？若是从日头中来，既能烧着艾草，远处的林木也应该被火所焚。如果是从镜子里出，自能从镜中出来直接燃烧艾草，那样的话，镜子为什么反而不熔化？手拿着燧镜自然知道，连热的迹象也没有，更别说熔化了。如果说生于艾草，又何必借燧镜呢？你再细看，镜子手拿着，太阳在天上，艾草在地上，火从何方游历于此？太阳和镜子离这么远，既不能相和也不能相合，你说火是从哪儿生出来的呢？不应当是无缘无故自己生出来的吧？阿难，你还不知道，如来藏中，真火无形，随处即有。它也是不生不灭，本然清净的。它是无处不有，无时不燃。它是随着众生的心量的，众生的心量有，火亦因之而有；众生心空，火相亦空。阿难，应当知道世间上的人一处拿着镜，一处发生火；遍法界拿着镜，满世间都起火；哪里有什么固定的方向和处所呢！

　　电视上转播奥运会的取火种，我们都见了，那是在希腊的奥林匹亚，用凹面镜向着太阳引燃火炬，其情形就像佛说的一样。看来远古取火都是这样的。奥运会上传遍全球的那样一朵火光，全世界都瞩目，却也是因心而有，却也是应缘而生。

　　如今，我们也来点燃灯盏，就在这院子里。灯盏这火是从哪里来？亦是从心中来。从佛陀的心中，从各位法师的心中，从我们每个人的心中。

火本空寂，却无处不有，但是你不想到点它，却也没有。若无佛陀，不会有今晚的灯盏，若仅有佛陀，也没有今晚的灯盏。因缘具足，才有今晚的灯盏。

所谓的灯盏，却是蜡烛，装在小巧的铁的圆盒子里，且是黄的、红的、蓝的、绿的都有，有灯芯在中间。现在的火种随时都有，用火柴或者打火机，把蜡烛引燃。一盏亮了，就会有二盏、三盏、五盏、十盏……无数盏。

灯即是这样，可以引燃，一个亮了，另一个也会亮。人也如此，一个人有了智慧，就可以破人愚昧。因此有人赞扬孔子，说"天不生仲尼，万古长如夜"。孔子教人做仁人君子，功德无量。那么佛陀呢？这位释迦族的伟男子，却来教众生做佛。他是把天上人间三界六道中所有的愚昧黑暗都破了，他是解了最后一道题的人，在他之后，世界没有了悬念，而众生的方向确有了答案。

其实，佛即是一盏灯，一盏智慧之灯。佛将自己的心点燃起来，照亮了三千大千世界，使之平等、洁净、无尘无染。

在《维摩诘经》中，舍利弗见娑婆世界"丘陵坑坎，荆棘沙砾，土石诸山，秽恶充满"，曾有疑问："若菩萨心净，则佛土净，难道世尊为菩萨时，意岂不净？"佛告诉他："日月岂不净耶？而盲者不见。"众生垢重，不见如来国土严净。

为了让在座的人见到娑婆世界的本来面目，佛陀做演示：他"以足指按地，即时三千大千世界，若干百千珍宝严饰，譬如宝庄严佛，无量功德宝庄严土，一切大众叹未曾有！而皆自见坐宝莲华。"佛告舍利弗："我佛国土，常净若此，为欲度斯下劣人故，示是众恶不净土耳……"其实所有的荆棘、坎坷和污秽，皆是为了度人。如所有妙莲花，却是生在浊泥里，"高原陆地不生莲花，卑湿淤泥才生此花"，一切的烦恼，恰是培育智慧的营养钵。就像我老爹说过的，粪是脏的，花是香的。

同样道理，所有的灯，都点在黑暗里。若无黑暗，灯盏也无用。黑夜里有了灯盏，黑夜也便有了边缘。但我们的黑暗是内心的黑暗，内心的荒昧比天地间的黑暗更可怕。天地间的黑暗我们看得到，而内心的荒昧却难以觉察。人在荒昧中，却恰恰不知。不但不知，还自以为很好。如古戏里唱：

> 你说我心如枯井无日月，
>
> 我却愿守着黑夜到三更。

内心的荒昧需要心灯一盏，佛陀点亮的恰是心灯。有此一盏心灯，三千大千世界的众生就有了光明。

佛陀的灯亮着，智慧便是他散发的光芒。我们来这里，是来引燃自己的心灯的，引亮一盏，再引亮一盏。一灯一灯传之不尽，灯灯相映，暗影则无处生根。

一万盏灯，好多好多，人们三三两两，兴致勃勃蹲在地上来点。把蜡烛摆成各式各样的图案或者文字，有的是法轮形，有的是心形，有的是汉字，传递的都是美好愿望。灯火映照着人们的脸庞，是那么亮丽。有泪水晶莹，挂在脸上；有话语透明，流在灯间。

不知不觉间，已经是晚上九点。菩提场有规定，早晨四点开门，晚上九点闭场。别处的人们都走了，菩提场寂静下来。平时看不到的警察此时看到了，他们从各个方向凑过来，凑成了五六个，一声不吭，站在院外的草地上，看着人们点燃蜡烛，或者什么也不干就那么站着。他们应该是值班一天，到了下班的时候，家人们也在等着他们。但是，没有一个人发一句话，哪怕很温柔的一句提示。

所供的灯，是有人负责的。你可以点，也可以不点。你点便点，你不点有人替你点。因此我们可以走了，但是还是不愿意走。也许警察催一下就走了，但警察也不催。倒是我们的人，有的开始替警察着急，走出了小院，并提醒时间。但是，依依不舍的人们，直到把所有的蜡烛都点亮才走。已经晚了半个小时，也不见有人说什么。我们在前边走，警察在后边跟着。

回头看，所有的灯，一片光明。

菩提场内外的鸟声犬影

佛成正觉之后，从菩提树下起来，他做的第一件事是体味解脱之乐。他回顾生生世世的辗转轮回，所有的曲折和艰险，如今都成风景。菩提树，树下的草座，以及周围的土地花草，所有的一切，都与他有大因缘。

在回宾馆的路上，明影师说："已经很晚了，吃完饭后抓紧时间休息，明晨4点40分，在门厅集合，到菩提场打坐。不用汽车，走着也就十几分钟。"人们说"好"。但是另有人，觉得还该早点儿，4点开门，那么3点半就去，省得没地方。这样也很好，明影师也不拦。愿意早去的就早去，愿意晚点去的就晚点去。

第二天一早，与老史起来，随着4点40分的人，向着菩提场走。心想第一拨的年轻人，真的是好，他们应该已经坐了将近一个小时了吧？

天还有些朦胧，星星还在天上。一个跟着一个走，默默无言。看到的是一棵棵的大树，还有大树后面的房子。房子很稀疏，构不成街道的样子。有一辆一辆的车，不时开过去。车也稀疏。这个菩提迦耶就这样松散？但是，正觉塔远远地就看到了，仍然是一片光明。

到了菩提场，与晚上的感觉又不同。菩提场外的小广场上，一片寂静。菩提场内，原来所有的神秘和朦胧不见了，见到的全可以触摸，石的塔、石的围墙、石的台阶、石的地面，赤足踏上去，眼睛看上去，我是我，它是它，一切那么清晰，一切那么实在。

这证明所有的一切都是真的，这一切真的都在证明佛陀：佛陀真实不虚，佛法真实不虚，跟着佛陀伟岸的背影一步步走，每一步都会有莲花开敷。

在菩提场入口处，将下台阶时，听到树上一片鸟声。此时四处寂静无声，唯鸟声水一样流淌，入耳入心，美妙至极。想到佛在《阿弥陀经》中，对舍利弗描述西方极乐世界时所说："彼国常有种种奇妙杂色之鸟，白鹤、孔雀、鹦鹉、舍利、迦陵频伽、共命之鸟。是诸众鸟，昼夜六时，出和雅音，其音演畅五根、五力、七菩提分、八圣道分，如是等法。其土众生，闻是音已，皆悉念佛、念法、念僧。舍利弗，汝勿谓此鸟实是罪报所生。所以者何？彼佛国土无三恶道。舍利弗，其佛国土，尚无恶道之名，何况有实。是诸众鸟，皆是阿弥陀佛欲令法音宣流，变化所作。"

鸟声密集，其实也不是单一个密集能够形容，这里任何的形容都嫌苍白。鸟声之美妙之和雅似乎从来没有听到过，似非人间所有。难道这里的鸟也如极乐世界的鸟一样，在演说佛法？让人听了生起道心？

佛说心净则佛土净，极乐世界在何处？依照佛说，极乐世界在十万亿佛土之外的西方，阿弥陀佛是那个世界的教主。但同时，极乐世界却也没在别处，它就在我们的心里。我们的真心与佛心乃是一心。菩提场，佛陀彻悟之处，气息自是不同，它与人的真心相契相和，因此这里是人间，是天堂，也是佛国，如千叶宝莲，一蕊之外，层层花开。

在鸟声的瀑流中，我心如洗，似乎不知有其他世界在，但所有事物却也在眼前，历历分明。依然是下台阶，走甬道，到塔内礼佛。此时的佛像已经换上了黄色袈裟，有其他国度的信众在里面。礼佛之后，依然绕到菩提树下打坐。在菩提树右侧，看到了石头上刻着的佛的一双足迹，上面洒着金色花瓣。也更加清晰地看到了树前塔后的佛的金刚宝王座。

这是一块长约2.3米，宽约1.47米，高0.9米的长方形红砂石，装饰着金的栏架和黄色布幔。据说是阿育王置放于此，以示佛陀在此成道。有此一佛陀，这里便是三千大千世界的中心，如《大唐西域记》所说："菩提树垣正中，有金刚座，昔贤劫初成，与大地俱起，据三千大千世界之中，下极金轮，上侵地际，金刚所成，周百馀步，贤劫千佛坐之而入金刚定，故曰金刚座焉。"

先来的那些人，也在菩提树下，我们汇集一处，在维那师的引磬声中，诵读《普贤菩萨行愿品》，之后禅坐。

当初佛陀成道之后，真的不知是何等感觉。我见过蛹变蝶，见过虫变蝉，见过水蝗变蜻蜓，那样的一种升华和愉悦。但那只是一个仿佛，一种启示，让人意识到人在一定的条件下也有可能做这种质的跳跃。但是这种可能几乎是不可能的。历代的帝王，意识到短暂的生命与华丽权贵的巨大落差，他的拥有和死亡是一对无人能解的矛盾，于是好多人想尽办法去寻找长生不老的灵丹妙药，有一些帝王恰是服了这些灵丹妙药而死。帝王想的全是得到，结果是一无所获，因为这连世间法都不合。这个难题悉达多太子却给解开了，他以全舍而获得，他舍了权位舍了财富舍了妻子儿女舍了自身，不为一己做丝毫想，想的是宇宙间所有众生的生死大题，结果他成就了。他以自己的生命体验，告知世界：人是可以了断生死的，了断生死是有方法的，方法是切实有效的。这大舍大得的实践，有法可循，有事可证，因而不是迷信，不是虚玄，也不是神话传说，因而称正觉。他告诉我们：人的生命，除了这样的生存方式之外，还有另外的高级生存方式；除了三维空间之外，还有多维的空间形式。他以自己生命演绎，宣告了生命的巨大胜利。因而，菩提树下佛陀做的这件事，大得不得了。

佛成正觉之后，从菩提树下起来，他做的第一件事是体味解脱之乐。他回顾生生世世的辗转轮回，所有的曲折和艰险，如今都成风景。这也如我们爬山，抵达山顶之后，路途上所有的惊险和烦恼，都化作了快乐，也因快乐而回味。佛陀回味解脱的大愉悦，用了七天。这七天里，他就坐在菩提树下，不起于座。

第二件事是凝视菩提树。七天过后，佛陀起身离开菩提树，那团吉祥草仍如鸟羽般亮丽。他离开菩提树，向北走了一段距离，然后凝眸回看。菩提树，树下的草座，以及周围的土地花草，所有的一切，都与他有大因缘。就是在这样的一个地方，在这样的一个时间，他得以成就，因此他感恩这些，连那些魔王魔军，他都感恩。他们是来试探他，考验他，因此他们亦是考官，只不过比考官更严厉，更有手段。他凝视着这个地方，目不转瞬，连眼睛都不眨一下。他就这样看了七天。后来的人在这里修起一座塔，就叫目不瞬塔。

第三件事是经行。佛陀凝视菩提树之后，开始由西向东，再由东向西，往返行走，那样的一种安稳，所做已办，大事已了，生死已断，生命的大成就，由一个个体生命完成。在他走动的时候，地涌莲花，所着之地，没有尘埃，都是花瓣绵软。这样也是七天。

第四件事，是用了七天的时间，在菩提树西北的地方，继续静坐，入甚深禅定。此时佛陀身放蓝、黄、红、白、橙五色光芒。

第五件事，是走到一棵榕树下，在这里遇到一位婆罗门，回答了这位婆罗门的疑问。婆罗门问："怎么样才算是婆罗门？婆罗门的品格应该是怎样的？"佛陀回答他："婆罗门者，恶习尽除，不生骄慢，心地清净，学识丰富，谨守净行，尘世人间，无所染著。能如此者，堪受其名。"

第六件事，佛陀到了菩提树南面一个水池边静思独处，忽然大雨，龙王现身缠绕佛身七匝，并以龙头遮住佛的头，以保护佛陀。佛陀说偈："听闻证知，觉证之人，独处之乐，其乐无穷。一切众生，有心识者，自制不害，其福难计。不受贪嗔，无知束缚，厌离欲乐，其福何如。但当能舍，骄慢我执，其福无上。"

第七件事，佛陀回到菩提树下静坐，天王帝释请求佛陀为众生说法。佛陀想，解脱之法，甚深甚妙，没到这个境界的人很难理解透彻。天帝说，还是有根器好的人，他们会懂得的，会实行的。于是佛陀应请，开甘露门，住世说法，解救众生。恰逢其时，正好有缅甸来的两位商人路经此地，他们听闻有佛出世，遂将蜂蜜和米糕供养佛陀。佛陀为他们说五戒十善。商人唱颂："至诚皈依佛！至诚皈依法！"这是佛陀教化的最早的两个人。

时间如水，出静的引磬响了。仰望菩提树，枝枝丫丫似龙蛇盘绕，菩提叶如黄金所铸，只是稀疏。说它稀疏，是我愿意它葳蕤。

回到宾馆，先来的人说起很有趣的一件奇事：在凌晨，他们早早起来，集合起来10个人。在夜色里，这10个人凭着头天晚上的印象，向着菩提场走。走着走着，却发现有一只小黑狗跟随着他们。这只小狗颠颠跑着，忽前忽后，忽左忽右，不即不离。远远地就望见了高耸着的正觉塔，那样的与天相接，那样的一片光明。正好又到了一个路口，便以为该拐弯了，于是就拐。但是那狗没有拐，而是径直向前。那小狗回头看了看他们，他们也不理会，于是那小狗独自走了。但是，人拐早了，顺着这路走，走了好久，却不通菩提场，而离菩提场似乎越来越远。已经意识到错了，但也已经没有办法，只好望着塔，这样绕，那样绕，多走了好多路。终于到了菩提场，却看到了那只小狗在那儿蹲着，似在专门迎侯他们。见他们来了，也便离开。他们这才恍然，那条狗早早起来，是来给他们引路的。于是大家感慨，这里的狗竟这样的有灵性！有善根！

佛，人，鸟，狗及诸众生，均与菩提场有大因缘，在今晨演绎佛法。《金刚经》中，须菩提问佛："世尊，颇有众生，于未来世，听闻是法，生信心否？"佛答："须菩提，彼非众生非不众生。何以故？须菩提，众生众生者，如来说非众生，是名众生。"

附：所谓"五根、五力、七菩提分、八圣道分"，再加上"四念处，四正勤、四如意足"，为三十七道品，依此修行，循序渐进，就能得菩提之智，证菩提之果。

四念处是：观身不净；观受是苦；观心无常；观法无我。

四正勤是：已生恶令永断；未生恶令不生；未生善令生起；已生善令增长。

四如意足是：欲如意足，希慕所修之法能如愿满足。精进如意足：于所修之法，专注一心，无有间杂，而能如愿满足。念如意足：于所修之法，记忆不忘，如愿满足。思惟如意足：心思所修之法，不令忘失，如愿满足。

五根：信根，笃信正道及助道法；精进根，修于正法，无间无杂；念根，乃于正法记忆不忘；定根，摄心不散，一心寂定；慧根，对于诸法观照明了。

五力：信力，信根增长，能破诸疑惑；精进力，精进根增长，能破身心懈怠；念力，念根增长，能破诸邪念，成就出世正念功德；定力，定根增长，能破诸乱想，发诸禅定；慧力，慧根增长，能遮止三界见思之惑。

七菩提分：择法觉分，能拣择诸法之真伪；精进觉分，修诸道法，无有间杂；喜觉分，契悟真法，心得欢喜；除觉分，能断除诸见烦恼；舍觉分，能舍离所见念着之境；定觉分，能觉了所发之禅定；念觉分，能思惟所修之道法。

八圣道分：正见，能见真理；正思维，心无邪念；正语，言无虚妄；正业，住于清净善业；正命，以正当方式生活；正精进，修诸道行，能无间杂；正念，能专心忆念善法；正定，身心寂静，正住真空之理。

苏佳塔的忧愁

佛久修菩提道，牧羊女久修供养法，两个人都成熟了，一个不经意的事件，却又是惊天动地的事件。

早饭后，坐车离开菩提迦耶到苏佳塔村。出城不远，汽车就驶上一座桥面，在这里回首，仍见高高的正觉塔，耸立在绿树上方。桥很长，宽宽的河床里竟然没有水，除了沙还是沙。阿曼说了，这便是尼连禅河！

这一下子让人提起神来，巡望河面，应该有一个人的身影，那便是悉达多太子！

悉达多太子出家之后，在苦行林中修苦行。苦行林里栽的不是苦行树，而是好多的人在树林中修苦行，因此叫苦行林。在佛之前，印度人的宗教以生天为目的。这些人认为，人的欲望皆这个肉体而起，而欲望恰是人堕落的原因。因此不把这肉体当回事，淡漠它、折磨它，从而使人的灵魂得到升华。这道理是不错的，因此悉达多太子也来苦行。与太子在一起的，还有净饭王派来的五个人：阿若憍陈如、阿说示、跋提、十力迦叶、摩诃男拘利。净饭王要他们来照顾太子。在印度，人人向往修行，这五个人自然也跟着太子一起修行。苦行不怕，只要灵魂解脱。即使到现在，还有不少的人在修苦行。苦行有种种方式：裸体、拔发、涂灰、自饿、投渊、赴火、自坠、不说话、像鸡犬那样吃脏东西、在坟冢间睡觉等，"为求福故，不惜身命"。悉达多太子也是，他觉得这个身体，却也是心灵升华中的一个累赘，尔时太子日食一麻一米大豆小豆，其量仅能维持不死而已。忍饥忍渴，不避寒热，不避风雨，不避蚊虻，这样6年。6年已经是一个不短的时间，6年里太子不仅一直在受苦，也一直在思索。如果说，苦行是错了，那么在太子这里，错也是对，错是在为对打基础。因为他的心并没有一刻在混沌中，他在探索，在叩问，在体察，在追寻。据说他已经入得深深禅定，已经到了非想非非想处天，亦就是最高的天。距跳出三界外还有一步之遥。但是这一步也太难。那么多的人修苦行，也没见谁彻底解脱。自己修苦行，业已6年，即便能深定一万年又怎样？生死轮回不了，也是枉然。终于，太子悟到，这样的苦行，尚不够究竟。如果没有正确的理念做基础，苦行是无益的。人若想成道，不可放逸，不可安适，因此不苦不行；但是一味苦行，苦得太过，似乎也不对。这也如弹琴，弦松弦紧都不成曲调，恰到好处才行。因此要走中道。于是这位释迦太子把此意说与照顾他的那五个人，但这五个人却不以为然。他们以为太子有点娇气了，才受了6年苦就支持不住了，再说已经受了6年苦，怎么能半途而废呢？这对于一个修行人来说，是让人不屑的。因此他们也不顾了净饭王的嘱咐，既然太子执意要走，那你走你的，我们继续修我们的。于是，释迦太子就走了，他自己知道，他不是因为坚持不住了，他不是因为放逸，他是因为有了新的想法。知非即弃，知过即改，这才是对的。修行是以真理为目的，而不是为了给谁面子，包括给自己的面子。

于是苦行者悉达多舍弃苦行，走出了苦行林，来到了尼连禅河边。当时河里清水涟涟，河岸绿树盈盈，而他自己身形枯槁，肋骨一根根历历在目。据他自己说，用手一摸肚皮，却摸到了后背的脊椎。真的是前腔贴后腔，而须发是乱的，脸色是黑的，身上是脏的，体格是弱的。因此他要到河里来洗一洗，洗去多年的污垢，还自己一个干净身子！

就是这条河，现在正在枯水期，我们想象它的水，想象悉达多太子进入到河里的样子，那样的一种清凉，那样的一种愉悦，那样的一种亲切。这一切，才与他经过长期苦行的心相契合。

他在河中洗浴，浴罢之后竟无力登岸，此时风吹树枝，有一枝摆了过来，他一把抓住，才爬上岸来。

车过了河，很快来到了一个村子，车停下。这个村子即是牧羊女苏佳塔的村子，村子的旁边，有牧羊女的塔。我们是向着塔去。

在来印度之前，细心的组织者嘱咐带这带那，恐怕委屈了哪位。其中说，要带一些食品，如方便面之类。我也带了一包，五块方便面的那种，但也没用上。今天记着带了来，因此一下车，就捧在手上，见村头有一老呕，把方便面给了她。她也是极高兴的。

她有幸生活在苏佳塔生活过的村子，我有幸在这里遇到她，这也是缘分。

塔是覆钵式，红砖所砌，与村子隔着一条道。我们先绕塔三匝，然后诵经礼拜。村民们在附近看着，有好多的孩子也在。

塔的对面，是一个打谷场，一个连着一个的草垛，有一株高大的树开满了红花，衬之以周围的房舍和远处的麦田，真的可入诗入画。

两千多年来，为什么一个牧羊女这样受人尊敬？只因为她在关键时刻做了一件关键的事：她把自己没有来得及喝的一碗奶糜送给了佛陀！虽然他这时还不是佛陀，但是有了这碗奶糜作为一个条件，不久他就成了佛陀！

那时悉达多太子拖着疲惫的身子从河里爬上岸，牧羊女正好过来，她看到这样瘦骨嶙峋的一个人，暗暗有些吃惊，以为是树神显灵。当她得知这是一个苦行的求道者时，顿起慈悲心，把手里的一碗奶糜双手捧给了他。悉达多太子喝了这碗奶糜，恢复了气力。他返身进入水中，准备渡过尼连禅河，向河对岸去。

苏佳塔的塔之外，还有一个祠。祠距塔不过二里地，但是无路可通，只能沿着田间的塍埂去。我们离开苏佳塔的塔，向祠走去。小麦正黄，正是该有布谷鸟叫的时候，但是没听到，它是正好飞过去了，还是正好没飞过来？除了黄的小麦，还有绿的蔬菜，配以远树高天，真的是美。田塍这样蜿蜒，人的队伍也像蜈蚣那样，曲来折去地走，真的别有意趣。这是这些天来，与印度土地最亲密的接触。

我想到泰戈尔的诗，它的绮丽和纯洁正好与这片土地相谐。在这样的土地上行走，成为泰戈尔应该很容易，就因为这是可以成佛的土地么？就因为这是喜欢奉献的土地么？它是这样富有诗意。

苏佳塔这位牧羊女，一个最普通的农家少女，却完成了世界上最伟大也最壮丽的奉献，一碗奶糜端在手里，看它递出去的方向，若是向着自己，便是自私和狭隘的，若是向着对方，便是无私和慷慨的。我们已经见识过了好多慷慨的人：给孤独长者、庵摩罗女、迦兰陀长者……在印度，施与是传统，施与修行者更是一种风尚。可是，就在我们向着苏佳塔祠走的时候，在我们身边还跟着一支队伍，这便是孩子，或者孩子抱着更小的孩子，还有妇女。他们在乞求，眼神是乞求的，手势是乞求的，嘴里竟然说的是中文："希父希父，阿弥多佛，阿弥多佛！"看来他们已经习惯，且也会根据来人的相貌揣摩出他们的国度，因而会用相应的只言片语作为沟通的手段。

我们当然会把一点零钱给他们，但是给不胜给。谁要是一给，所有的人会把你围起来，让你走不了路。王文鹏最为慷慨，但似乎也有了一些无奈。我们这些人，只有双手合十，呐呐念佛，见似不见，闻似不闻，生生梗着自己的心，可怜他们，也可怜自己。

这些人是苏佳塔村的，是苏佳塔的乡亲。苏佳塔的施与换取来的是千年的荣耀和往生天堂的果报，这个村子的人是知道的，也是引以自豪的。可是，不知道从什么时候起，有的人开始了乞讨。是谁把他们的欲望撩拨起来的？他们固然穷，但是，多年来的日子却也平和纯净。定然是外来的所谓富人，看着他们可怜，而慷慨解囊，主动施与。当然，这没有错。但是，无形中却使得这里的人产生一种错觉，以为是一伸手钱就有了。果然也就有了。钱是有了，可是尊严呢？可是施与的心态呢？真的不知道他们是富了还是更穷了。

据说，这个村的孩子们有好多已经不上学了，他们就靠着向来人乞讨，有时一天的乞讨也可能比他们的父母劳动一年获得的都多。真的不知道是谁错了，也真的不知道该怪谁？

心里很难过，不得舒展。布谷鸟即使飞过来，看到此情景，也会忍噤不鸣。

泰戈尔见了会有何感想？哦哦，他这样说：

啊，傻子，想把自己背在肩上！

啊，乞人，来到你自己门口求乞！

把你的负担卸在那双能担当一切的手中罢，

永远不要惋惜地回顾。

你的欲望的气息，会立刻把它接触到的灯火吹灭。

它是不圣洁的——不要从它不洁的手中接受礼物。

只领受神圣的爱所付予的东西。

这是泰戈尔《吉檀迦利》中的诗句，真的像是为今天所写。

牧羊女祠，就在尼连禅河的河边，是前后两间小屋。前面小屋里供奉着佛的瘦骨像，佛像两边，一边是捧着奶糜的牧羊女，一边也是一个女子，大概是牧羊女的同伴。底下还有一头卧牛。明影师提议，谁带有可食的东西，不论多少，可以供奉于此。果然有人有一些。我的那方便面，可以供这儿，却也先施与了老妪，因此只把目光注视佛陀。

后面的小屋，供奉着的也是佛像和牧羊女，佛像却不是瘦的相貌。

站在这里，可见尼连禅河。若是有水时，定然也是舟筏往还。我还是想象着佛陀。喝过奶糜之后的悉达多太子，重新涉足河流，他要到对面去。向对面望，可见一座小山，名为钵罗笈菩提山。悉达多太子想到那座山上禅坐。"深则厉，浅则揭"，他果然就涉过河，爬到了那座山。

但当他在山上行走时，突然双脚踩得地动，山石滚落，树木摇晃。看来此地福薄，不能承载佛陀厚德。于是太子只得自西南下山，行到半山腰，见一大石室，便到了里面。太子刚作跏趺坐，大地再次震动。太子只好再次起身，准备离开。却听有挽留的声音："此室清胜，可以证圣，唯愿慈悲，勿有遗弃。"原来此石室内住着一条老龙。太子明白此处不是证道之地，但又不愿老龙失望，遂留佛影在山洞中。

悉达多太子到底下了山，他走啊走，终于到了那棵茂密的菩提树下。

明影师说牧羊女："牧羊女不经意间的一碗奶糜，却供养了一个极其特殊的人。牧羊女成就了佛陀，也成就了自己。牧羊女是不是只供养了这一次呢？当然不是。她定然供养过好多的修行人，只是那些人没有成佛。就是说，牧羊女的布施，是非常纯熟的布施，因而非常自然。也因此，牧羊女是榜样，代表大乘菩萨们的布施精神：'无所住而行于布施'。

换个角度，佛本来早已成佛，他是以法身大士的身份来娑婆世界来示现。示现成佛的时候，需要一碗粥。这是因缘法，没有谁可以例外。需要一碗粥时，恰有一碗粥，这也是修供养感得的。

"需要的时候不缺，一定是要资粮具足。怎么具足呢？常修供养。有足够的因缘，才能保证有机会。佛久修菩提道，牧羊女久修供养法，两个人都成熟了，一个不经意的事件，却又是惊天动地的事件。"

明影师殷殷切切，他愿我们也像牧羊女一样来为自己创造机会，他更愿我们像佛一样在需要的时候不缺因缘。

汽车停在苏佳塔村，回返时，明影师、万慈师等，准备着给孩子们布施一些钱。只是太乱，让孩子围成一个圈，好有一个发放秩序。但是，只要一给钱，孩子们就呼啦扑过来，这也太让人为难。

回看祠中的牧羊女，已经是满面愁容。

大脚印

佛陀走后，留下了脚印，我们在蓝毗尼园，在玄奘纪念堂，在菩提场都见到了，还有留在虚空上的无形的脚印。我们即是踩着它而来。

记得很小的时候，我爹从地里回来，在街上走，那样一大步一大步的。我大娘正好看着我，他就让我学我爹走路，那么一大步一大步、身子一耸一耸的。那时我就觉得大人走路实在是一种风范，而小孩子走路零零碎碎，构不成风景。后来见毛泽东走路，也真的是好看，身子左右晃动，意若龙蛇，从容而大度。

佛陀走路我们无缘见，说他有三十二相八十种好，完满无缺，那么他的走路定然也是最好的，人见了都生渴仰。他的一生似乎都在行脚，为法忘躯，赤足而行。其实，他的走路才最有意义。因为他的路是独自一条，是在没有路的地方独辟出来的。这条路与所有的路方向不同，如操场内的跑道，一圈一圈，跑来跑去永远在圈内，突然有一条路是脱离了圈圈，直接立体向上，向着天空的方向。那么佛陀的路便是这一条。别的路都在生死线上，独有这一条脱离生死。

当年马祖道一禅师，人说他有神通。王二听了不信，他倒要实地看看，访访他老人家，看他是不是真有神通。王二在路上，见到一匹马。这匹马拴在一个桩子上，周围的草已经啃光，远处的草又够不到，于是此马围着桩子团团转，但无论怎么转也转脱不开这绳索的牵绊。王二想，这一幕老和尚不可能见到，我就以此来问他，看他是否有神通。于是王二见了马祖。王二问："师父，何谓团团转呢？"马祖答道："皆因绳未断啊。"王二一下愣了，看来马祖真是有神通。

王二将此事跟马祖的侍者说了，侍者便来问师父："师父，您有神通啊？"马祖说："我没神通。"侍者就把王二的事说了。马祖一听就乐了。马祖说："那也不是神通，他问的是事，我答的是理。他问何谓团团转，我答皆因绳未断。他说的那根绳是马缰绳，我说的这根绳是人的名缰利锁。这根绳不断，人永得在生死场上团团转。"

事有千般，理即一个。得理者，事才能成。马祖即是那位得理的人。佛祖更是。马祖的理是从佛祖这里来的。

因而佛陀在前边走，后面跟着众多的人。佛陀走了，他后面的人也走了。但他后面的人的后面还有人，这么多年来，一直不断。佛陀走后，留下了脚印，我们在蓝毗尼园，在玄奘纪念堂，在菩提场都见到了，还有留在虚空上的无形的脚印。我们即是踩着它而来。

从苏佳塔村回来，在菩提迦耶，在街上参谒了几座别的国家建的寺院。

自菩提场建立以来，这里便成为世界的佛教中心。20世纪以来，由中国、日本、缅甸、斯里兰卡、泰国、不丹、尼泊尔、孟加拉、越南等国的佛教组织和僧人先后修建了20多座寺庙，星散在菩提场周围，使菩提迦耶成为圣域。但由于时间关系，我们看不了那么多，参谒过几座之后，即回宾馆吃饭。饭后，再次来到菩提场。这次我们是要向佛陀打个问讯，为佛陀献上一袭袈裟，然后就要离开菩提迦耶了。

在菩提场，由寂行师双手托着袈裟，高举过顶，俯首赤足向着正觉塔走来，他是那样的一种钦敬，一种肃然。师父们跟在他身后，我们跟在师父们身后。下台阶，上甬道，鱼贯而入。由塔里的僧人给佛陀换袈裟，原来是金黄色的，换上去的仍是金黄色的。塔内的人挤得很满，有着好多个国家的人。所有的人都是一样的目光，都用一样的目光看着佛陀，佛陀也用一样的目光看众生。佛陀在我们的目光里，我们也在佛陀的目光里。我感觉他把手伸了过来，一一来摩我们的头顶。我们全在他的慈悲里，就好像所有的花都在阳光里。

之后，仍是绕塔，脚板踏到石板上，真的是烫，看到我们缩脚的样子，塔壁上的众多佛像也会笑。再次瞻仰菩提树，再次瞻仰金刚宝王座，再次瞻仰佛陀的脚印。塔北面一个一个的是石的莲花座，有节奏地放在那儿。有人把鲜花摆在上面。

绕塔之后，人就随意了些，随各人的依恋在各处再做停留。明影师、从钧、张玉欣、贾伟宏和我等人，在塔的东北侧，石栏杆下面的石板上静坐。

静坐之后，突然想到该照几张脚印的照片，于是就把相机的镜头对准了地面，一个个来朝圣的人，不同国度的，不同年龄的，不同肤色和服饰的，在镜头那里将脚抬起落下，落下抬起。甬道上如是，台阶上如是。所有人的脚，这样错落着。一步一步，应该是印在佛陀的巨大的脚窝里。

在菩提场外，临上车前，终于有一个小贩，像是知道我的心思，向我推介一幅布，上面印着的不是别的，而是两个大脚印。那是佛陀的脚印，足的下方有千幅轮相，涌泉穴那儿有三鱼争头的图案，每个足趾肚上还有一个个的轮相。这样的一个艺术化了的，颇具象征意味的脚印，真的是太好了。我和张玉欣各得一幅。

有了这样一个伟大的脚印，印证在前边，生命就应该有了努力的方向。

第七步　永远的法轮

阿曼和老乔

好的是好的，不好的也是好的。　　　　　　　　　　　——阿曼

佛尚以众生为本怀，一个企业家，一个画家，应该是以什么为本怀呢？乔万英就这样找到了人生的方向。

下面的一站是瓦拉纳西，先到瓦拉纳西，然后到鹿野苑。到瓦拉纳西是为了看恒河和见识恒河沙，而到鹿野苑是领略佛陀的初转法轮。

车开了，就这样来去匆匆。虽说是来去匆匆，但是毕竟来过。菩提迦耶，这个地方太神妙了，太值得一来了。其实，来过一次，就等于天天来了，相信在日后的每一天，都会想到它。想到它的日子定然是美妙的。《花对花》里唱：丢下一颗籽，发了一棵芽。这一粒籽种在心田里，而日后的花也开在心田里。

因此我们在菩提迦耶的时候，菩提迦耶是地理上的，我们离开菩提迦耶的时候，菩提迦耶已经是心灵上的了。

都不知道是怎么离开的了。心里只想着佛陀，只想着菩提迦耶，想得

一片混沌。因为你说不上是怎样一种感情，若是千万里来见老父亲，依依惜别，走时会掬一捧泪水。可佛陀是比老父亲要亲的人，但亲得又不具体。就因为他大。这也好比天，天护覆着我们每一个人，每一个生灵，无微不至，日夜不息，但我们却恰恰感知不深，以为天塌了也没什么。恰是因为天不塌，因此我们与佛陀，正是至亲无亲。

记得我爹来城里，在屋里坐着，见我下班回来，也不说话，就用眼睛看着。见我拣了石头来，就用拐杖敲敲，听着那轻灵或者沉钝。他看石头的眼睛跟看我的眼睛是一样的。还有我到家里，那时他还年轻，每天在地里忙。见我回来，也只说一句两句，都是平常话，平常到让人记不起来。但是，这才真是亲。

父亲之亲与佛陀之亲不能比，但却又必须拿父亲来说明。

这些天来也没注意，车上居然还有电视，这时放起了不知是谁刚买的光盘。那当然也是事关佛陀的，有佛陀圣地遗迹的，有佛陀事迹介绍的，也有演绎佛陀故事的。话语听不懂，但那音乐真好，雄浑，能引人联想，让人进入圣洁境界。

放过一遍之后，便关了。

人们还是有话说。

阿曼坐在前边，他是随时会说几句话来提示大家，到了什么地方，有个什么典故。但现在他没说话，沉默着，他也是在离开家乡。原来他的家就在附近，就在菩提迦耶城外不太远的一个村子里，家里有妈妈，有两个哥哥，两个姐姐。大哥家有两个孩子。二哥36岁了，却还没有结婚。二哥是一个议员，印度佛协的主席，是比哈邦的政治领袖，有着两个贴身保镖。他没有结婚的闲暇，他把自己全部投入到社会工作中，时时在帮助别人。

明影师说，昨天晚上供完灯，从菩提场回到宾馆，已经很晚了。阿曼还要为大家兑换钱。其实他的两个哥哥早已来了，两个人一直在等他。两个哥哥是来接他回去，因为一家人在等着他，为他过生日。昨天，是阿曼的29岁生日。

这也真是巧，大家一听说，就给阿曼鼓掌。

明影师说，昨天晚上那一万盏灯，也有阿曼的一份。我们把其中的一部分回向给阿曼，现在我们就唱《三宝歌》，以此来祝福阿曼的生日，祝他昼夜六时吉祥！

于是在明影师领着大家唱《三宝歌》：

> 人天长夜，宇宙黯暗，谁启以光明？
>
> 三界火宅，众苦煎逼，谁济以安宁？
>
> 大悲大智大雄力，南无佛陀耶！
>
> 昭朗万有，任席众生，功德莫能明。
>
> 今乃知，唯此是，真正归依处。
>
> 尽形寿，献身命，信受勤奉行！
>
> ……

这首太虚大师作词、弘一大师作曲的《三宝歌》，让人的心灵沉浸在深深的恭敬里，唱着唱着，有的人眼睛里已经有泪流出来。

阿曼也激动，他为大家唱印度的《流浪者之歌》和另一首什么歌，原版的印度语言和印度曲调。他嗓音一般，但是真实，他把真实的自己奉献给大家。

这些天来，他真的是很奉献，也很真实。

每天大家吃饭时，他不吃。他要照顾到大家吃。联系呀，协调呀，等等的都是他做。还要注意到每个人的情绪，以防备随时会发生的各种事情。虽然没有发生过什么事情，但在他那里却不可以放松。他还要给大家换钱，有换美元的有换印度卢比的，有喜欢多要整钱有喜欢多要零钱的，有的多了需要退掉，有的不够了还要多换。很琐碎。他不是导游，不是导游却做了导游的事，因此他缺少了导游的那份职业上的灵活和精明，他不太会说，关于各个圣地遗址他也不是特别熟，传说呀，典故呀，真实故事呀，他也有好多不明白，不明白的地方他就不说，他绝不会编一个来忽悠我们。他因此更显可爱。当有人误会了他时，他也生气。他甚至会铁着脸说，嫌我不好的话，就换一个。他脾气绵软，却也不失倔强。他心灵纯洁，默时多，躁时少，在大家不需要他时，他真的像是不存在。当他出现的时候，定然是大家正用的着他的时候。他的真实，换取了大家的信任。大家在他的身上认识了印度人。

这里我要说一件事，一件与阿曼有关的事。

临来印度，我准备了一个素纸本子，想着让大家在上面写几句话，以作纪念。说不定通过话语或者笔迹或可揣摩到心灵深处的消息。这也是在为这本书作打算。

这些天来，回到宾馆的时候，利用时间空隙，我或者会找到某一个人或者某几个人，打开本子。人们都配合我，把一些感受写到上面。有的人随意，有的人郑重，有的人在随意与郑重之间。随意的，心灵那里没有遮拦，青山就在门外，因此涉笔即成妙意；郑重的，以为纸笔之事，不敢轻慢，因此会斟酌再三；在此两者之间的，会略作思索，然后一气呵成。当然还有的人，是第一次，不知怎么写好。你越说怎么写怎么好，他便越不知怎么写。最后写上去，透过表面的凌乱或迟疑，似乎更可见内心的纯正和朴厚。

好些题句让人深思，给人启示。

明仰师："感恩佛陀，返璞归真。"

明影师："发菩提心，护持正法。"

能虚师："忏悔自身业障重，不见如来金色身。"

冯路钧："本分事，须自己办。"

倪从钧："心地无非，利他无我。"

乔虢华："整个心灵像春天的大地苏醒过来，忏悔心在动。"

文鹏："忧圣教之衰微，悯众生之苦难。证自我之如如，做众生之依怙。"

念慈："心量多大，福报多大。"

……

我想让阿曼也写几句，阿曼当然该写几句，若没有阿曼的题写便是不完整的。或者说，有了阿曼的题写才更有意思。于是，那天中午在王舍城，午饭过后，在饭桌上，让阿曼来写。我原想，他无论写什么，都是好的。只要是他写。他便写了，先用印度文字写了，共两行，还有签名。我也不懂，只是觉得好看。随后他又用汉字重写一遍：

好的是好的，不好的也是好的。愿众生都快乐！

——唐成于王舍城

唐成是他的中文名字。

这样的文字让人惊叹，文字背后是怎样的一个心量呢？我们这些所谓修禅的人，是不是有了这样的一个境界呢？起码我是感动的。

大家正在给阿曼祝贺生日的时候，我走到前面，把话筒拿过来，给大家报告了阿曼的题写，并给大家宣读：

"好的是好的，不好的也是好的"。

大家为阿曼的这句话鼓掌。

大家为阿曼的美好心灵鼓掌。

阿曼站在那里，像个禁不住夸的小姑娘，竟是满脸的羞赧。

这也便是阿曼。

这些天好多人为阿曼感动，还为那两名司机感动。特别是乔万英，背着众人，一直在暗暗关心着那两名司机。这两个人，吃饭、睡觉都在车上。也不知他们在吃些什么，也不知他们在车上是怎么睡的。人们见到他们时，他们就已经坐到了驾驶室里。人们上车，有一个人在车门口迎着；人们下车，有一个人在车门口候着。似乎这个车就是他们的家，这些人便是他家的客。客人到哪里，车就开到哪里。他们两个似乎是车上两个部件，离开车就没了意义。乔万英，这位率真的汉子，看在眼里，疼在心上。因此在给阿曼鼓完掌之后，老乔便笑模悠悠到了前面，站在那里说话。他是个最活跃的，也是个最有才情的。山西话说得有味道，山西歌也唱得有板有眼，这些天来，那个话筒也跟他最亲。他是有几句话也要上去说一说，有几句歌也要上去唱一唱。他的那心灵，像幼儿园的娃娃那样透明。

他上去，借着阿曼，就说起了两名司机。说司机的好，司机也不懂。老乔的用意还在自己这里，他说自己的感动。他把自己的感动传递给大家，让大家跟他成为一个人。

这老乔，说完阿曼就开始说自己。他的话题像树上的鸟儿，从这个枝头跳到另一个枝头，中间不用过度，却又极自然，极应该。就像他的画，油彩青黄，互不搭调，这么一抹，那么一抹，却成了漂亮的画。

他说司机，是在说自己。他说自己，却也是在说别人。

他说他学佛经历，却也能当笑话说。但笑话背后，却是人生的严肃。

37岁那年，他得了一场大病，心脏都不跳了。要说死，也就这么容易。但也没让他这么容易死。这一次的"死"是为了让他活。他开始思考：人怎么样活才有意义？因为挣钱已经不是意义，画画好像也不是意义。但这若不是意义，那什么是意义呢？为此他想得好苦，想不通，可以不想，但他自己却变得没有意义了，百无聊赖，如被揭了鳞的老龙，打不起精神。这时有人告诉他，说河北赵州有个柏林寺，那里的师父会告诉你怎么活着。这样听了，便也这样信了，但却信得不彻底。

　　一天到一个地方买材料，在车上，跟司机说到柏林寺。本就是随便说，说完就没事了，于是昏昏睡去。不知过了多长时间，车停了。司机喊醒他，说："到了。"老乔问："到哪了？"司机说："赵州，柏林寺。"老乔想，这也真有意思，做着梦就到了柏林寺。

　　既然来了，就该去见见师父。于是下车到了寺里，那么辉煌的一个寺，一见便让人生敬畏。正是清明节，寺里正在做道场，水陆大法会，人很多，也不好见师父。于是就跟着参加法会。

　　这个法会，给老乔留下了深刻印象，还没见着师父，心里就有了几分清净，看来这里的师父真的会告诉你怎么活。于是又找了个日子，再次来柏林寺，由两名居士引着到了方丈寮。净慧大和尚正在里屋接待客人，乔万英就在厅里等。

　　墙上挂着一幅像，不是佛祖，亦不是菩萨，而是一位长须长发的老爷爷。心就诧异，说怎么这里供着位老爷爷？居士告诉他，这是虚云老和尚，师父的师父。这师父的师父，垂着双眼，谁也不看，却好像谁也被他看透。

乔万英想，见了师父，定要问一件事，那便是这世上有没有鬼。若有鬼，鬼在哪里？若无鬼，怎么自己就差点见了鬼？

等了好久，师父送客。乔万英见了师父，那样的一种慈祥，而又那样的一种庄严，于是不由自主跪下去磕头。师父问："你有什么事？"乔万英脱口而出："我要拜您为师！"师父拉起乔万英，领着他朝里屋走。多年之后，老乔还记得那感觉，在那一刻，自己突然变成了一个三岁的小娃娃，被父亲领着，心里是那么妥帖，那么温暖。

师父坐下来，为他说三皈依：尽形寿，皈依佛；尽形寿，皈依法；尽形寿，皈依僧。

说了很多的话，他一直虔诚地听着，却一句也没听明白。但心里却踏实下来了，从来没有过的踏实。

他说："师父说着，我就看师父。我想这师父真是怪，怎么看也看不见他的眼蛋蛋。"

师父为他取法号：明悟。

从此，他就信了佛。

为什么就信了佛呢？因为佛说众生是佛。佛是第一个不把自己当神，也不让别人把他当神的人。他站在神之上，却以众生为本怀。佛尚以众生为本怀，一个企业家，一个画家，应该是以什么为本怀呢？乔万英就这样找到了人生的方向。

他还干着他的建筑，他还画他的画。但是，却不一样了，他真的知道怎么活了。

在网上，我查他的资料，200多条都是乔万英。

网上说了他从来不说的事：他搞建筑，搞装潢，住的是破旧的房屋；他有钱，可他的衣着从不上百元，妻子也是，孩子也是，生活极节俭。挣来的钱常常用来施舍，逢年过节他就拉着一汽车大米白面送往乡下，托人发给孤寡老人，不许人暴露他姓甚名谁。路遇有难之人，他必会倾囊相助，却从不留名。他经营的建筑公司，由弟弟和妻子具体管理。有一天接到弟弟的电话，说一个人不好好干活，磨洋工，一天才砌两百块砖，把他开除了。乔万英立刻对弟弟发脾气，说不好好干活你说说就行啦，就开除什么？正是农闲时候，你让他回家怎向老婆孩儿交代？挣不到钱你让他家里怎么过日子？赶紧叫回来!

这便是老乔。

在禅修班，每次来上课，都其貌不扬，像是老农模样。不认识他的，不知道他是画家，也不知道他是企业家。不像。这次朝圣，他夫人也来了，还来了一个女儿，也都是极朴实，极厚道的。每到一处，他最能融入。在净饭王宫，他跟着去砌墙。在阿难塔，他跑到干活的人那儿，掏出一把钱来给他们。他是个鲜活鲜活的他，他是个透明透明的他。

他跑到前面，手持话筒，笑着说，说着说着哭了。哭着说，说着说着笑了。

他说那天在玄奘纪念堂，一见玄奘那像，泪水止不住。回到宾馆又哭了一回。玄奘法师背着个背篓。他说："这样的竹篓篓我也背过，但现在我不背了，连我都不背了，可你咋还背着哩？玄奘背着背篓的像，使我想到师父的话。师父说没有终点，生命无尽，愿望无尽。

"说到我，我是个啥哩？说到人，人是个啥哩？一直认识不到，一直不明白，也没人想这件事。想也想不明白，人都在糊里糊涂地活着。这次见了佛，哭一回，好像明白一回，哭一回，好像明白一回。

"我老婆这次见了大佛，也哭开了。我老婆哭得个什么，我也闹不清楚。

"她哭他的，我哭我的。"

他说："菩萨戒有六斋日，我老婆给我记着，她说是哪日就是哪日。到这天晚上不吃饭。虽说不吃饭，却老想着吃。昨天在牧羊女祠，见了供着的那尊像。我不认识，皮包着骨头，瘦得像个骷髅，一问才知是佛。佛呀，都那样了，还在修。我却为一顿饭，却这样那样。一顿饭不吃，就好像受了多大委屈。"

乔万英说呀说，人们一个个跟他一样，也是泪眼婆娑。

中间车胎坏了，司机下车换胎，人们也下车解手。

路边有一个卖炒豆的，火炉里的火舌亮着，夜色一点点漫过来。

瓦拉纳西还有多远？

太阳·恒河沙

瓦拉纳西：恒河之夜（左图）
瓦拉纳西：恒河之晨（中图）
在恒河洗浴的人们（右图）

恒河上的河灯

洗恒河水可以消除罪恶，涤除污垢，而且人死在这里最好，可以直接上
天堂。为此，印度的很多老人都来到恒河岸边的瓦拉纳西，等待死亡

装沙子。一沙一世界，佛世界如是，我等世界如是

鹿野苑大门上的法论

鹿野苑遗址。在鹿野苑有了世界上最早的僧团（上图）
弥勒受记塔。佛陀授记弥勒，将来成佛度脱人天（下图）

不可说，不可说

有了这样的一个"一"在，就能真的止住了。而要真的止住了，这样的一个"一"也就出现了。看来"一"和"止"，乃是一而二，二而一的关系。

到瓦拉纳西已经是晚上，汽车拐到一个宾馆就住下了。为什么是这个宾馆而不是别的宾馆，这个宾馆是怎么联系的，价钱多少，这都不用我们操心。世界是这样大，我们每个人都只能在自己的一个局部里。安稳不安稳都在局部里。这应该是我们此行住的最后的一个宾馆了，瓦拉纳西，还有瓦拉纳西附近的鹿野苑，是我们最后的目的地。

吃过晚饭，时间已经不早，大家安寝。组长通知说，第二天清晨5点起床，去恒河。

瓦拉纳西紧紧贴着恒河西岸。这是个非常古老的城市，有人说已经有三千多年的历史，也有人说其实已有着六千年的历史。美国作家马克·吐温在19世纪末第一次见到瓦拉纳西时，曾这样描述它："老过历史，老过传统，甚至老过传说，老过它们全部的总和。"当然这是作家的夸张，但也正好说明了它的古老。

临来印度时看材料，知道瓦拉纳西非常有名，但它的出名还不仅在于它的古老，而在于这里是天堂的入口处。

如今在印度，80%以上的人信印度教，而这里便是印度教徒的心中圣地。印度教的主神湿婆就在这里，因此这里便成为印度教徒朝圣的地方。教徒多的地方，自然贤圣也多，名人也多，文化也繁荣。因此，想要了解印度教，就必须到瓦拉纳西。

恒河是圣河，也是因为印度教。天堂是干净的，灵魂不干净的人上不了天堂。在世间，不干净的东西可以用水来洗，一洗便干净了。把水的这种功能引申来，水也便可以洗涤灵魂。因此，印度教的信徒们，为了能够上天堂，就用恒河水来洗涤自己的身子，身子干净了，灵魂也跟着一块洗了，里外干净明澈，好在天堂里安顿自己。

因此，到瓦拉纳西来，有好多人的目的是来洗恒河水。应该说是，恒河水一洗，罪灭河沙。别处的恒河当然也是恒河，但都不如这里的恒河来的人多，就因为有湿婆神在。湿婆神掌握着天堂大门的钥匙。

古老的印度教里有三大主神，这三大主神是梵天、毗湿奴和湿婆。梵天是创造神，负责宇宙万物的创造；毗湿奴是保护神，保护宇宙运行；湿婆神是破坏神，他要在每个劫的劫尽之时，毁灭宇宙及众神。总之，星际宇宙的生灭循环，都要靠三位主神的分工合作。三位神祇中，人们最崇拜湿婆神，因为他所拥有的破坏力，也象征着再生、创造。再者，湿婆神无处不在，可以化身各种形式，是最伟大的神。他拥有108个名字，佛教里把他称为大自在天。

因此到瓦拉纳西，就成了印度教信徒的最高追求。不仅洗恒河水可以消除罪恶，涤除污垢，而且，人死到这里也是最好的，可以直接上天堂。由于这个原因，有好多全国各地的老人，都拥挤到这个城市来，等待死亡。即便不是死在这个地方，那不管死在任何地方，也都以在这里火化为最高礼遇，借此一火浴，灵魂可以往生天上。

我在网上看到过一些死尸在恒河边火化的场景，大堆大堆的木柴支起来，把裹着白布的尸体在恒河水里浸过后，然后放在柴堆上面，洒上香料，点火来烧。真的是烟火缭绕，周围的房子都被熏黑了。据说在此附近宾馆里住的人，饭碗里常飘有落灰。因为有香料，却也没有异味。据说24小时，火化事不断，常常是三处五处同时举火。一天会火化一百多具死尸。还在网上看到恒河里漂有浮尸。这也不奇怪，既然死在恒河与生在天堂有着心理上的依据，那么把最后的归宿选在恒河是很自然的事。

与老史一夜无话。他这次来，应该说颇有收获。他的收获不仅在于感受，还在于他的照片。他拿着一部很好的相机，有着长焦短距的那种。这样的镜头，比起我这傻瓜相机来，自然有着更多的自由，心灵境界有多高，镜头就可以有多敞亮。再加上他的那份自觉和热心，因此每天他都会照几百张照片。到了晚上，他得给相机卸载，不然卡的容量就不够了。因此他还得用笔记本电脑，为了用电脑，还得插电。而印度的插销与我们的插头不相契，为此还要转换。就要有转换器。因此老史的行李差不多是本团中最重的了。他的任务也最重，白天抱着"冲锋枪"颠前跑后，晚上为卸载忙好长时间。往往是这样，我睡前，他在卸载照片，我睡后他还在卸载照片。而我睡醒后，他早就又出去拍照去了。

然而他修得也好，他在我本子上留的言是"知止"。"知止"事前边说过，他是止而不止，不止而止。到了止这个境界，离"正"就还差一笔，一个"一"字。老子有言："天得一以清，地得一以宁，神得一以灵，谷得一以盈，万物得一以生，侯王得一以为天下正。"这个"一"就有这样的重要。那么这"一"是什么呢？老子的且不管他，只说佛的。佛的一，就是万法归一的一。有一句话这样说："万法归一，一归何处？"因此佛所说的一，即是一，也不是一，叫做"不一不异"。不是一，也不异于一。不说一，不好表示，说一，就会有二。佛所说的一，就有这样的微妙。因此这一，亦可以心来代。佛法乃心法，心佛众生，三无差别。佛殿中常唱："应观法界性，世界唯心造。"对于一个禅者来说，就是时时刻刻分分秒秒将心置于何处的问题。用更微细的时间概念，应该说念念，念念不忘。念者，今心也。就是把握当下，当此一念心，置在佛心地。而佛的心地是那么大，那么宽，那么慈悲，那么智慧。无缘大慈，同体大悲，世界一如，时空一体。有了这样的一个"一"在，就能真的止住了。而要真的止住了，这样的一个"一"也就出现了。看来"一"和"止"，乃是一而二，二而一的关系。

为一个止字，啰唆了这么多，看来是该我先止。

早晨起来，天还不太亮，门卫头戴大檐高帽，站在门口，脸色黑瘦，有两撇胡子高高翘起来，翘到两边脸颊上，颇有特色。人还没集齐，提出与他照相，特配合，蛮高兴。

坐车穿过一些街巷，天色朦胧，街上行人稀少，即便有，也是睡眼惺忪。倒是街道两侧，廊厦之下的石板上、床上，随随便便地睡着一些人。说他们随便，不仅是睡姿，还有穿着，都是极简单，几乎是光着身子，或者随便披件什么。真也奇怪，大街上竟会有很多的光板床。后来还在路边看到一个木工作坊，做的也全是床。

后来知道，这个城市流浪者很多，特别是流浪老人多，都是挤在天堂门口等着要门票的那些人。这些床便是为他们准备的，让他们疲惫的身子，到了夜晚有一个依靠。虽然勉强，但也胜于没有。这也应该是这个城市的义务。

他们是到这里来死，更是到这里来生。死之前，可能很落魄。他们期待的是死之后的那份辉煌和安适。天堂里没有苦，尤其在人间把苦受尽了的人，自然只剩下了美好。当年我奶奶找王先生算卦，王先生说："等着等着你等着，一篮子苦瓜你守着。多会把苦瓜吃完了，有个甜瓜你才摸着。"他在说苦尽甘来。我奶奶之所以能够承受着那么多的灾难和苦楚，身体和心灵一直硬朗到86岁，就是因为算卦先生的这句话。

天堂真的不是传说，而是心灵的真实兑现。

车在距河边不远的地方停下，我们真实地走在了瓦拉纳西的大街上。随着快到恒河，街上的人也越来越多。看来这个城市每天的夜晚是先从恒河边醒来。街两旁的鲜花摊和香料摊有的已经摆开，有的正准备摆开。到了河边，人已经很多很多，熙来攘往。印度人居多，也有西方人，还有我们这样的东方人。

街道与河之间，是一道道的台阶。台阶上的人在走动，有准备下河的，有从河里上来的。台阶下的河面上，有好多好多的船，有的人正在上船，也有的船已经开出很远。更多的船是在边上挤着，等着人来租。好多的人，赤着臂的男人和穿着光鲜的女人已经湿漉漉地站在河里，他们在洗浴。还有着拿着水壶水罐，那是装恒河水用的。这些人多是远道而来，来一次也可能不容易，因此要把圣水带回家去。

但是没看见烧死人的柴堆，也没看见河边码着的干柴。

看来也不是随便一个地方都可烧死尸，那个地方应该离湿婆神的庙很近才对。

像我们脚下这样的台阶河口，据说瓦拉纳西城大约有165处。从南到北的石阶，延绵有6公里长。也不知道我们所处的这处台阶是在瓦拉纳西的哪个部位或哪个阶段。

这也不管它。我们的目的不是来看人怎么上天堂。在禅者眼里，天堂是好的，但还不是究竟的好。六道轮回，天也是一道。福报享尽，天也留不得你住。佛教徒应该把事做究竟才对。佛陀当年，修到非想非非想处天，也没当回事。他告诫弟子们不可得少为足。人的私心一圈囿，想法就窄了。只有为众生担当苦难，舍下全部的自己，才能获得全部的世界。

我们也下船了，一条大一些的船，不然载不了这么多人。船上有三个人，一个艄公前头掌舵，两个年轻人在后边摇橹。水面不是很宽，应该说还不到河床的一半，但也还可以应付这么多船。若是在雨季，可以想象恒河会有多壮观！

有人买了花灯来祭河，红红的花朵上面一朵黄的火苗，我看到冯路钧托在手上，是真好看。然后他就把它放在了河面上，看着它顺水漂流。好几个人手上都有，一个一个有节奏地放上去，河面有了一线的灿烂。

东方天际有了红晕一片，啊，太阳要出来了。这也可能是恒河最好的时候，好多人到恒河来是来祭太阳。太阳的美好，是因为有光明。在光明这一点上，应该说它是天堂颜色。

太阳一下子出来了，真的是好，又大又圆又平和，就那么在东边的天际上。远处的树在它的衬托下也显好看。而恒河水面，因为有了太阳，而多出了一道飘动着的斑斓。是一道，但也是无数道。在这个时候，天空出了一轮太阳，而全长2580公里的恒河水面上，却是无数的太阳，谁看到就有谁的一个。

佛在《楞严经》上，对此现象曾有妙解。

佛对富楼那说:"如一水中现于日影,两人同观水中之日,东西各行,则各有日随二人去;一东一西,先无准的。不应难言:此日是一,云何各行? 各日既双,云何现一? 宛转虚妄,无可凭据。富楼那! 汝以色空相倾相夺于如来藏,而如来藏随为色空,周遍法界,是故于中风动、空澄、日明、云暗。众生迷闷,背觉合尘,故发尘劳,有世间相;我以妙明不灭不生,合如来藏,而如来藏,唯妙觉明,圆照法界,是故于中一为无量、无量为一,小中现大、大中现小,不动道场遍十方界,身含十方无尽虚空,于一毛端现宝王刹,坐微尘里转大法轮。"

就一个日影,如来便说透了世界真相。

"一为无量,无量为一",世界就这样不可说。

船抵中岸,东半边即是干涸的河床,遍是黄沙。这便是恒河沙!

在佛经中,每每读到这三个字:恒河沙。佛为什么要说恒河沙?因为要用来做比喻。恒河是印度第一大河,无人不知,亦是印度文明的象征。佛陀善喻,每每拿身边事物来说佛法,这样才好理解。

当初波斯匿王见佛陀,老了的波斯匿王知道身体不断衰老,终有一天会死去。佛启发他,说你知不知道在你的身体中有个不灭的东西呢?

波斯匿王说不知道。

佛便问:"大王,你几岁见恒河?"

王答:"三岁时慈母带着我,谒湿婆天,经过此流。"

佛问："你三岁见此河时，那么到十三岁，再见此河，你感觉这河有变化么？"

王答："跟三岁见的时候一样。乃至于现在，我六十二岁了，这河还是那河。"

佛问："你现在自己感伤发白面皱，其面必定皱于童年。但是你今天看恒河的能见之性，与你童年之时相比，有童年和老年的差别吗？"

王答："没有。"

佛说："大王！你的面容虽然皱了，然而你纯净无染的能见自性并不曾皱，皱的是变化的，不皱的就是不变的。变化的自然会灭绝，不变化的，本来就没有生灭，又怎么会和你的身体一同灭绝呢？"

佛用恒河，很简单就把理说透彻了。

恒河如此，恒河沙亦如此。恒河沙数不可计量，因此遇到不可说不可说的事，佛便拿恒河沙来做比喻。

比如佛说佛世界："须菩提，如一恒河中所有沙，有如是沙等恒河，是诸恒河所有沙数佛世界如是，宁为多不？"

恒河中所有沙，一粒沙又是一条恒河，像沙这样多的恒河里所有的沙，你说有多少？这便是不可说不可说的一个数字，无量无边，大到不可用数字来表述。

每每读到恒河和恒河沙，便想象，恒河是长江那样的呢还是黄河那样的呢？恒河沙又是啥样的呢？

终于见到了恒河，它既不是长江亦不是黄河，像印度人一样，它是另一副面孔。恒河沙，这才是恒河沙！我们上了岸，赤脚踩在了沙上。这恒河沙可真细，都那样细，没有一粒是大的，没有一粒是粗的，没有一粒是丑陋的。虽细，却一粒是一粒，干净无尘。且它是金沙，好多好多的金色颗粒在里头。白的沙粒，黄的沙粒。粒粒金，粒粒银。真的是好。虽说这沙场是脏的，有人丢弃的垃圾，甚至还有一只干瘪了的死狗，但这也并不影响恒河沙的干净。

万慈师就在那只死狗附近往瓶子里装沙子，他也不在意。我来给他照相，他说："这里有条狗。"

万慈师从不多话，曾请他在我的本子上题句。他题的是：游子之心。四个字乃托出了全部的内心世界。

人们都有准备，瓶瓶罐罐都拿出来，蹲在这里或者那里，装着沙子。

明影师一边装着沙子一边说："愿恒河沙等苦难众生早闻佛法，尽得解脱。"

明影师的愿真是大，大到不可说不可说。

在沙滩上，人人瓶满钵盈。且这一罐一瓶之沙，也没有数。况整整一恒河之沙，况沙等恒河里所有沙！

而一沙一世界，佛世界如是，我等世界如是。

人们在此留影。

任婕已在河水里站着，张玉欣也去了。也是，到恒河来一次，怎么能不亲近一下恒河水？于是我也下了水，小伙子杨新也下了水。我还用恒河水洗了手脸和胳膊。有人说水脏，张玉欣却说："恒河无垢净，灵山有高低。"她这句话也说得有境界。

大家又回到了船上。有别的船挤过来，却是卖鱼的。他们知道有人会做放生这件事。欸乃之中，乔万英、老韩、贾伟宏等人买了一些鱼，大桶小桶地放在船上，准备放生。于是引磬起，举行了一个小小的放生仪式：诵《心经》和大悲咒等。

此时的河里，船多人多。看那岸上，更是人山人海。

人们见到，刚刚放生的鱼，又被船家捞了上来，继续卖。这倒是个无本的买卖。而乔万英，见不得鱼受苦，又买来放。老乔夫人也见了船家捞鱼的事，于是不同意买，手把着钱包不给老乔钱。说："他们刚又捞起来。你再放下去，他们还会捞。"这老乔对着老婆，先是"嘿嘿嘿嘿"乐，然后双手合十，用山西话不知说了些啥。夫人才随了他的愿。

放生者该不该放？捞鱼者该不该捞呢？

这里恐怕也各有因果。

船向着岸行，两名年轻船工使劲摇橹。

背包里沉甸甸的，里头有恒河沙，也有着沙等恒河。

永远的法轮

"一为无量，无量为一"，世界就这样不可说。

恒河沙数不可计量，因此遇到不可说不可说的事，佛便拿恒河沙来做比喻。

吃了早饭，向鹿野苑去。真是很近，不一会便到了。

鹿野苑是佛陀成道后初转法轮之处。这也说明了，为什么菩提场门口的法轮两侧有双鹿托拱的原因。

鹿野苑又是一个大园子，有护栏围着。在门口，铁门开着，门是栅栏门，上面镶嵌着一个很大的法轮，看上去很古老，有24条的幅射。我用相机把它照下来。因为法轮在这个地方是有着特别的意义。

鹿野苑的由来，确与鹿有关。据《大唐西域记》载：一位国王喜欢打猎，经常到这片林中猎鹿，每次都射杀很多。为了避免灭绝族群，鹿王便跟国王说好，不待国王来射，每天主动献一只鹿给国王，保证国王每天能吃到鲜鹿肉。国王应允。这天，轮到一头怀孕的母鹿去献身，母鹿对鹿王说:"我死无悔,但我的孩子还没到死的时候啊!"鹿王听了,心生不忍,便代这只母鹿去死。国王看到鹿王,很是诧异,问明情况之后,深受感动,说道:"我是人,却这样残忍。你是鹿,却这样仁慈。"国王从此罢猎,并将此地辟为鹿场,以供群鹿繁衍。

鹿本安详,且还有这样的故事衬托着,使这个地方充满慈悲、仁爱。而佛陀又在此初转法轮,因此鹿野苑成为人人向往的圣园。

佛陀彻悟之后,本来想到先度他的两个老师,一个是阿罗逻迦蓝,另一个是郁陀罗摩子。当年佛陀初出王宫,最先是向这两个人问道。这两个人在六师外道中颇负盛名,他们修断欲忍辱,亦是想断除生死,只是还不究竟。

谁知这两个人与佛缘浅,于佛陀成道之前,先后去世。

释迦佛陀知道阿若憍陈如、阿说示等五个人现在在鹿野苑,于是向着波罗奈国走,准备到鹿野苑去度他们。

菩提迦耶离鹿野苑有着300里地的距离,佛陀向着鹿野苑从容行走。在半路上,遇到了裸形外道伏波迦。伏波迦见到佛陀气度安详,举止非凡。便问:"这位尊者,您诸根清净,肤色皎洁,不知您是追随什么人出家?您的师父是谁?您遵循的是谁的教旨?"

佛陀答道:

> 万法已证知,我已无所惑。
>
> 不受诸法染,万物皆舍离。

贪欲不能坏，得一切智慧。

世间哪有师，我须随学习？

……

我已证圣道，真实无欺诳。

我乃天人师，举世无能胜。

惟一正觉者，至高无上尊。

贪火已止熄，涅槃得亲证。

……

佛陀，向着鹿野苑的佛陀，在常人眼中看来还似常人，但其实他已经不是常人。自从他菩提树下朗然大悟之后，这个世界的心理结构就变了。

300里的距离，不知他需要走多少天。反正是在这天，他到了鹿野苑。

那五个人远远地见到了佛陀，这使他们惊诧，似乎有点不知所措。他们便凑到一起商量说："你看，他又来找我们，我们谁也不许理他，谁让他忍不住苦行，半途而走呢。"

于是这五个人装作看不见佛的样子，故意不理佛陀。可是，还没等佛陀到跟前，他们却不由自主地把脸转向佛陀，并迎上前去。因为佛陀身上有一种从来没有过的气息，像磁石一样吸引着他们。他们迎接着佛陀，为佛陀捧钵，替他铺座，打水让他洗漱等，并问候佛陀的身体劳止衣食冷暖。

他们一口一个太子地叫着，叫得很亲切。但佛陀不得不纠正他们："我现在已经悟道成佛，我的心就像虚空一样，对于世间的毁誉，已经无所分别。但你们的骄慢，却会招致不好的果报，因此你们不要再称呼我为太子了。"

憍陈如等五个人闻听此话，知道佛已经彻悟，心地清莹，无人可比。想想自己曾经的计较分别，顿感惭愧。从此改称太子为世尊。

于是佛陀坐下来，为他们说四谛法：苦、集、灭、道。

苦是世间之果；集是世间之因；灭是出世之果；道是出世之因。

佛陀从苦开始，将这个世界的因果关系说清楚。

什么是苦？生苦、老苦、病苦、死苦、怨憎会苦、爱别离苦、求不得苦、五阴炽盛苦，种种苦，谁也脱离不开的这些苦。这些苦是怎么来的？怎么样才能够祛除？灭苦、断集、慕灭、修道。一层层剥开，一层层敷演，一层层深入。佛陀不厌其烦，为五比丘开心解意。这五个人，有两个人出去乞食，就给另三个人说。有三个人出去乞食，就给另两个人说。

五比丘听闻妙法，心中充满喜悦，不久即证得阿罗汉果。

佛陀在度了憍陈如等五比丘之后，随后又度了波罗奈城的富商耶舍等50人。

佛陀在鹿野苑住了一段时间，就动身前往菩提迦耶的优楼频螺。在优楼频螺，居住着迦叶三兄弟：优楼频螺迦叶、那提迦叶和伽耶迦叶，这三兄弟是当时很出名的苦行宗教师，他们共有1000名学生。迦叶三兄弟听闻佛法后，带领千名弟子皈依了佛陀的僧团。及到得王舍城之后，又有舍利弗、大目犍连等200人皈依，这样佛陀的僧团就有了1250人。这也便是佛经上经常提到的"大比丘众千二百五十人俱"。

鹿野苑的意义在于，自从五比丘披上了袈裟，成了贤圣僧，便诞生了当今世界上最早的僧团。至此，佛、法、僧三宝具备，有导师，有教法，有徒众，佛陀不仅仅是佛陀，而是自成体系的佛教了。

佛陀在这里时，肯定只是一片野苑，密密的树和悠悠的鹿。由于有佛陀的初转法轮，鹿野苑便成为佛教的当然圣地。孔雀王朝时的阿育王在这里建起了精舍，到笈多王朝时再修，莫卧尔时期阿克巴大帝曾又修，规模越来越大。玄奘法师来时，还相当壮丽。《大唐西域记》中这样描述它："区界八分，连垣周堵，层轩重阁，丽穷规矩"，好得不得了。当时的僧徒有1500人。寺院很大，高200余尺。寺院里有石雕的佛说法的像，量等如来真身。精舍西南有阿育王建的石塔，地基虽倾陷，尚余百尺。塔前有阿育王石柱，高70余尺。"石含玉润，鉴照映彻，殷勤祈请影见众像，善恶之相时有见者……"是说这石柱很光滑，能照得见人影。不仅是能照得人影，而且能照出人的善恶相来。这也就有意思了。

这样好的一个地方，在1194年，被入侵的伊斯兰军，一把火烧掉。佛教圣地彻底被毁，变成了一片废墟。

进了鹿野苑，才真感知到它的宏阔。眼睛就像照相机，一眼却看不尽，必须东看西看，一次看一个局部。除了远处那一座高大而粗壮的塔外，早已不见了整体的建筑，都是大片大片的房基和处处的残砖断瓦，再有就是树，大棵大棵的树。据此可以想见当初它的壮观和瑰丽。

我们在残壁断垣间参谒，残壁断垣在阳光里。我发现乔万英独自一个人躲到一株树下画画去了。他是以这种方式朝谒，一点点把它吃到心里，留到纸上，化在心灵里。

我们看见了那断成五截的阿育王石柱，被圈在一个铁围栏里。它们残破的身段在诉说人心中会有的残暴，它们也在呼吁人心的慈爱与和平。这根石柱上的柱头是世界上最知名的，如今它不在这里，而已经在博物馆。

残墙断壁间，尚夹杂着、埋没着、残留着一些石雕佛像和一些花纹图案，已经不完整，虽说不完整，但仍显露着它们的美丽。真的是太漂亮了，那神态，那雕工，都有着说不出来的意味。我有一位毛姓朋友，对老的石雕佛像特痴迷，常常对着某尊佛像而静默半天。这要是让他看见，会吃惊到什么样呢？于是，我对着这些石雕，频频照相，这里头除了我的一份喜欢，还有我朋友的一份。

真的是照不完，到处都是。透过这些残留的东西，可以揣摩当初所有建筑物的瑰丽和豪华。

及到我抬起头寻觅队伍的时候，发现他们已经走出去了好远，已经接近那座高塔了。我只得舍下一些石雕，来追赶他们。

在塔前的草地上，我们对着塔顶礼膜拜，诵《金刚经》。有一些来朝圣的人把相机对准了我们。这个时候，我们也成为别人眼中的风景。

明影师提议，让明仰师给大家作开示。

这次朝圣，明仰师定然有大心得，只是不好与外人道也。后来我在网上，非常惊喜地看到了他参谒菩提场之后所作的诗。

菩提迦耶朝圣感怀二则

一、光明之行

佛陀今犹在，慈悲注天下。今临王舍城，予我传心法。

点亮心中灯，开启正觉塔。金刚是我心，华严是我身。

楞严是我路，法华是我行。指天又指地，般若放光明。

涅槃伸双足，三藏尽其中。

二、佛祖心印

心无念，念无心，无念是真心。

念无念，无念念，无念是真念。

见无见，无见见，无见是真见。

行无行，无行行，无行是真行，

禅无言，法无语，无言是真语。

觉无觉，无觉觉，无觉是真觉。

照无照，无照照，无照是真照。

法无法，无法法，无法是真法。

道无道，无道道，无道是真道。

二〇一〇年农历二月初九于印度菩提迦耶

此诗透露出他的内心感受。

席地而坐的明仰师，环视诸位，满眼殷切。他总结了几天来在印度朝圣的深切感受。他说，仿佛天天与佛陀在一起，似乎能听到佛陀循循善诱地说法。循循善诱就是佛法。佛陀吃得简单，住得简单，穿得简单。简单就是佛法。佛陀弘扬佛法，说真实语，说不异语，对法负责任。负责任就是佛法……他从佛陀说到我们每一个人，不管是出家众还是在家居士，都要将佛法落实于实践当中，把握当下，正念正行，不可放逸懈怠……

最后他说了几句偈：

> 点亮心灯，
>
> 走向光明。
>
> 献给本师释迦牟尼佛，
>
> 嗡吗呢呗咪吽！

随后，明仰师领着大家唱诵此偈，其声柔柔袅袅，淳和自然，如天上云，若地上草，更像大家脸上的微笑。

本次朝圣之旅的团长明影法师，也作简单开示。

在此佛陀初转法轮之处，他怕大家执著于法。执著于我不对，执著于法也不对。"若菩萨通达无我法者，如来说名真是菩萨"，《金刚经》这样说。他说一切法空，苦、集、灭、道与《金刚经》所说不一不异。希望大家不要有黏滞。

明影师用心很深切。

明影师与明仰师并排坐在那里，一个说有，一个说空，一个意在立，一个意在破。只有"有"不是佛法，只有"空"也不是佛法，亦有亦无，不有不无才是佛法。这一路走来，两位师父真的好默契，他二位时时处处在演示给我们看。只是我们心拙，自己把自己瞒住许多，不知道能够领略到多少。

我们站起来合影，达曼克塔作为背景。

天上很宽阔，有鸟在飞。地上亦很宽阔，铺满了绿草和阳光。一位持帚的老者站在草地上正在清扫地上的细碎垃圾，他不让干净的绿地上有一点脏东西。

他使我想到佛陀的弟子周利盘陀伽。周利盘陀伽较为笨拙，读不成经，常是念了前句忘了后句。为此他很苦闷。佛陀知道了他的情况，给了他一把扫帚，安慰他说："既然记不住，就不要记了，你就用扫帚为大家扫地吧，但扫地的时候，须念诵'除尘拂垢'这句话。"

日复一日，年复一年，周利盘陀伽认真地扫着，认真地念着。后来便开始思索"除尘拂垢"的真实含义，终于有一天，他扫着扫着地，豁然彻悟。

我给那扫地工一点小费，并给他照了一张相，让他激励我，在以后的日子里，一点点扫净心里的尘垢。

整个的朝圣之旅，到这里基本上就等于结束了。一会还要去鹿野苑的博物馆，那里会有好多的文物，法轮、佛像，特别是阿育王石柱的四头狮子的柱头，非常完好地在馆里保存着。那里是要去的，但我的记录却愿意在这里结束，为什么？就因为这座塔。

这座塔是鹿野苑诸遗迹中最高大的建筑，塔为实心，高33.5米，下层以石为基础，直径28.4米，上层为砖结构，塔分八面，有许多佛龛，原来龛内都塑有佛像，但现在这些佛像已经不见。塔身雕琢着各式各样精美的花纹图案和几何图形。

这些都不用说，关键是，这座达曼克塔所标志的，据说是弥勒菩萨受成佛记之处。

弥勒菩萨本是释迦佛陀的弟子，他却比佛陀早入涅槃。佛陀曾给他授记：汝弥勒受我记后，将来成佛度脱人天。这座塔是彼此授受时的证明。

我们都知道，弥勒菩萨是未来佛，现正在兜率天天宫内院，为天众说法。他现在是娑婆世界的候补佛，未来当机时，即下生人间，成佛于龙华树下。

这次朝圣之旅的前后顺序，不是按照佛陀从出生到涅槃的前后顺序排列，孰前孰后亦不是刻意安排，而只是顺着地理上的方便，这里那里走了一遭。恰恰就在这里结束，也真有着意想不到的巧合和寓意。《大正藏·小丛林略清规》中有偈诗讽诵佛陀一生行迹："诞生迦毗罗，得道摩竭陀，说法波罗奈，入灭俱绂罗。"我们真有幸，虽来去匆匆，但这些地方也都走到了。

《佛宝赞》中，本在唱颂"照破六道昏蒙"的佛陀，最后却唱："龙华三会愿相逢，演说法真宗。"龙华三会，是弥勒菩萨成佛时的事，离现在还早。这也是一大愿望，释迦牟尼佛住世时，我们福薄缘浅，没有机会。弥勒菩萨成佛时，切记不可再错失了自己！

出鹿野苑时，又看见了那只法轮。我想，如果宇宙中间有个轴的话，那么它就是那个轴。它在转着，时时刻刻，从没有止息过。

后记　这个时候，他们成了我

　　谁也不知道要发生一件多大的事，因为这件事太大了，来了之后反而不清晰。大概是2009年底或者2010年初，禅修班班长张前锋打电话给我，说柏林禅寺要组织禅修班的学员们到印度朝圣，具体事宜会有人通知。我说好。但是我却没有看重此事，再加上老娘年龄大了，出远门有违古训，就想，就不去吧，在家读佛经也是一样的。就这样糊涂地把自己淤积到此岸。到了2月1日，中午的时候，禅修班的师兄徐崇一打来电话，问我去印度的事。他对我说，这是一件很重要的事，我实在是去不了，但你是一定要去的，你去了就等于把我的眼睛也带去了。一句话提醒梦中人，原来我不仅仅是我，我还是他，我还应该是好多好多没去的人，应该去，而且必须去，不去就错了。于是我马上给张前锋打电话，问报名是不是晚了。他也不知道是不是晚了，当时他正忙着，但答应马上跟柏林禅寺的崇康师联系，同时把崇康师的电话给了我。崇康师是我们禅修班的班主任。我等不及班长的信息，直接给崇康师发短信，崇康师说可以。我的心这才定下来。

然后就是办护照等等的，也都顺利，办事人员都很热情，似乎他们知道我在成就一件很大的事，因此他们来成就我。还有我单位的领导和同事，积极为我做这做那，为这次成行做铺垫。老娘听说是去拜佛，自然高兴；老伴为我该穿什么该带什么这么想了那么想；儿子儿媳想得仔细，跑到电子城，把照相机上的卡换成了大容量的，电池也备了大功率的，一切都不让我管，也不用我懂，我只管按快门就行了。朋友们闻讯，自然赞叹不已。临近出发的时候，几位朋友还专门为我饯行。他们为我有这样一次朝圣之行而高兴，而羡慕。画家赵贵德先生、诗人刘小放先生、书法家潘学聪先生等乘兴挥毫，送我墨宝以为纪念。

就这样，好多的人成为我，只是不知道我能不能成为他们。

再有，我的这随记，真也是随记，随随便便记。这个朝圣团，35个人，定然人人有体会，人人有收获。但我，一路跟下来，也只能是把我看到的听到的记了一些，其中写到一些人，更多的人却没有写到。即便写到的这些，也不见得全面，更不见得对。好在他们为了成就我，都会包容，因此我只有感激。

原先我想着在最后，把35个人的名字都写上，以作永久纪念。但是后来想，这也许会影响到每个人的清净，还是算了，我们彼此在心里记着便是了。

　　还要特别说一句，2011年，柏林寺又组织了一次印度朝圣之旅，其中张绍洪先生是摄影师。听说我要出书，或许需要插图，且也知道我的相机像素不够，遂把他的照片奉献出来。因此在这里，我要特别感谢他的慷慨。

　　最后还要说，我与中国发展出版社特别有缘，我有好几本书在这里出版。每次合作都非常愉快。他们用心诚恳，做事细致，处处替作者着想。这在他们是本分，在我这里却已经化成了感激。

作　者

2013年春天